「一人で生きる」が当たり前になる社会

荒川和久　中野信子

ディスカヴァー携書
226

はじめに

2040年には、独身者が人口の5割になり、既婚者（64歳まで）は3割になる――。


この衝撃的な数字を見て、みなさんはどのように感じたでしょうか。

「既婚者である自分たちは、少数派になってしまうのか……」

「このままだと、少子高齢化がますます進むだろうし、日本の将来はどうなるのか……」

と思ったかもしれません。

あるいは逆に、

「これから『一人で生きていく』ことに不安しか感じていなかったが、20年後には自分たちが多数派になるらしい。ということは、社会のあり方も大きく変わらざるを得ないはずだから、今よりも暮らしやすくなっているかもしれない」

と前向きに感じた方もいらっしゃるでしょう。

では、実際のところはどうなのか？　――というわけで、**これからの日本は「一人で生きる」ことが当たり前の社会になる**、という予測をテーマに据えて、独身研究の第一人者・荒川和久さんと気鋭の脳科学者・中野信子さんに対談をしていただきました。

この異色の顔合わせは、2019年6月に行われた荒川さんのご著書『ソロエコノミーの襲来』（ワニブックス）の出版記念トークイベント「ソロ社会、どう生きる？」に、お二人が登壇されたことがきっかけで実現しました。

本書は、トークイベントで話された内容をベースとして、コロナ禍が本格化しだした2020年3月、お二人に5時間にも及ぶ追加対談を行っていただいて、構成し直したものです。

この本は、大きく2部構成としました。

・前半（第1～4章）は、**独身者（ソロ）と既婚者のそれぞれの生き方や幸せ、「孤独」**

という「個人」にまつわることについて。

・後半（第5〜7章）は、視点を少しずつ個人から社会全体のほうに転じ、**ソロと集団、多様性と個性**といった社会的なテーマに移行するという流れになっています。

そして終章として、今の時代では無視できなくなった**「withコロナ時代の生き方」**という時事的なトピックで締めくくります。

「ソロ男の外食費は、一家族分の外食費の2倍近い」「恋愛が得意な人は全体の3割だけ」「実は、アメリカも同調圧力が強い」などのデータやファクトを縦横無尽に繰り出す荒川さんに対し、「認知的不協和」「ステレオタイプ脅威」「シャーデンフロイデ」といった学術的な用語を引き合いに出しながら、それらの現象を鮮やかに読み解いていく中野さん。

お二人それぞれの知見が詰まった鋭い現状分析、緻密な未来予測をお読みいただきながら、20年後のみなさん自身の生き方を考える一助としていただければ幸いです。

ディスカヴァー編集部

「一人で生きる」が当たり前になる社会　**目次**

第1章　「ソロ社会」化する日本

第2章 孤独とは悪いことなのか？

第3章　ソロの幸せ、既婚者の幸せ

第4章　恋愛強者と恋愛弱者の生存戦略

第5章　ソロ化と集団化の境界線

第6章　自分とは何か――一人の人間の多様性

第7章　世の中を動かす「感情主義」のメカニズム

終章　「withコロナ時代」の生き方を考える

第1章

「ソロ社会」化する日本

２０４０年には独身が人口の半分となり、着実に「一人で生きる」ことが当たり前になる社会への道を進む日本。

まずここでは、男性３００万人が結婚できない「男余り現象」の実像や、多くの人がソロ（独身）を選ぶ背景、おひとりさま市場の拡大の理由を分析します。

２０４０年には、独身者が47％に

荒川　最初に基本的な事実の確認をしましょう。左ページの図1の棒グラフの一番左側が独身の人口です。真ん中が64歳までの有配偶（既婚）人口、一番右が65歳以上の有配偶のパーセンテージです。**２０４０年には独身が47％になり、**64歳までの有配偶は31％になるんですよ。
中野　64歳までの有配偶者が31％……すごいですね。結婚しているほうがマイノリティ（少数派）になりそうですね。
荒川　基本的には独身が47％だから、ほぼ半分ということです。これは全員が未婚というわけではないですよ。死別とか離別とか、1回結婚してもまた独身に戻る人も含めて、20

図１　日本は人口の５割が独身の国になる

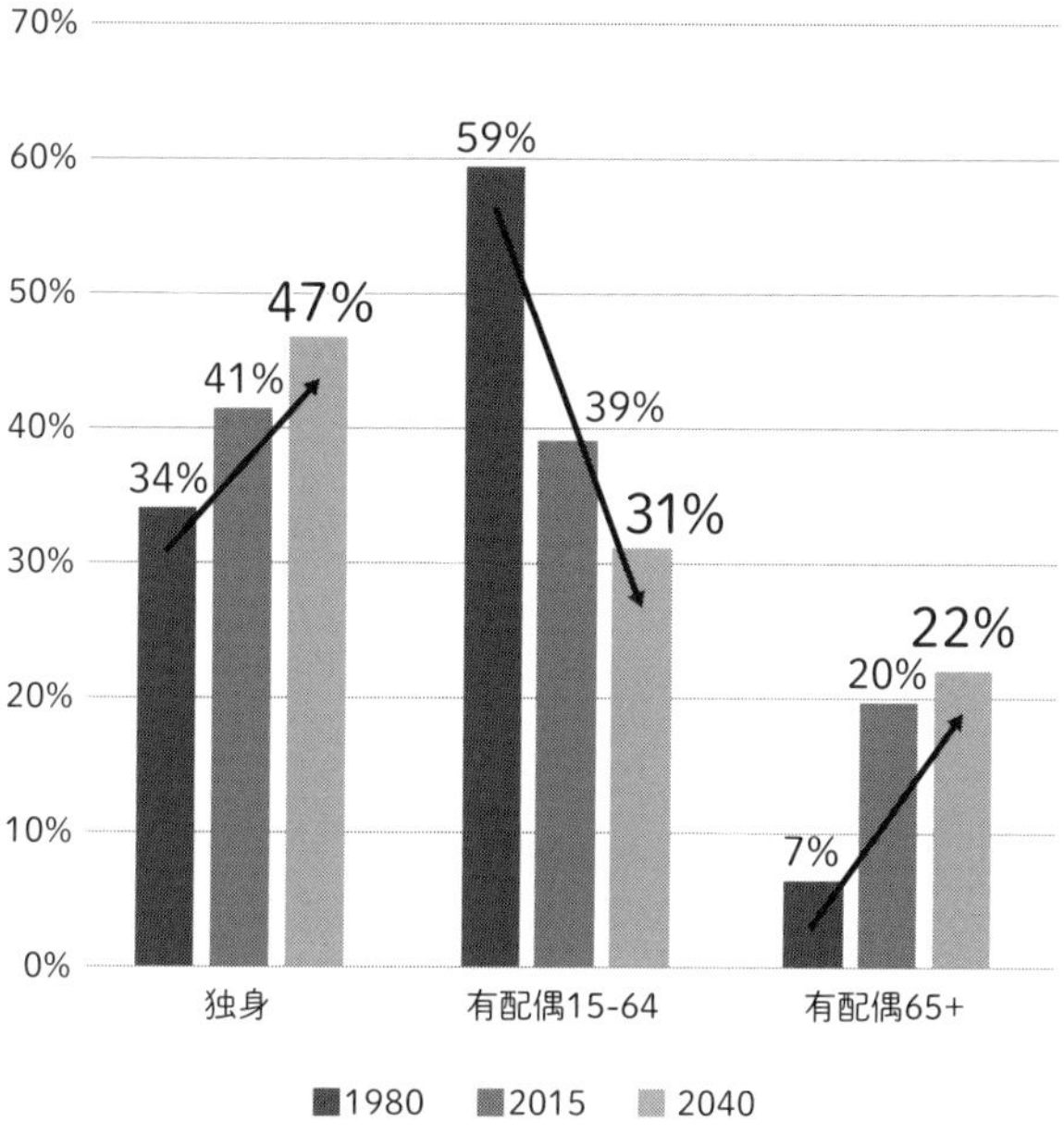

2015年までは国勢調査、2040年は社人研2018年推計より荒川和久作成。
すべて15歳以上、独身には離別・死別を含む。

年後にはこういう配偶関係人口になることが予想されます。

中野　もう若い層は結婚しないほうが当たり前の世界がすぐそこに来ているんですね。

荒川　結婚したとしても晩婚になりますし、離婚も増えているので、必然的に独身が増えます。

中野　最近は、結婚するにしても「永遠の愛を誓う」というような風潮ではなくなってきたように思います。結婚するメリットを疑ってかかる時代に、本格的に突入したという感じでしょうか。

荒川　特に、東京在住の働く女性は、もう結婚する必要性を感じなくなっていますよね。

中野　私の周りは少なくともそのタイプが多いですね。「結婚する・しない」というテーマとは少し違いますが、子どもを産むということにも消極的な風潮を感じます。

結婚を何のためにするのかをみんなが自問自答している状態です。恋愛はしたいけれど、結婚するとなるとまた別の話だね、という意識です。恋愛はいいけれど結婚はためらうという感覚は、昔は男性のものだったと思うんですが、最近は女性側がそう思っているのが新しい現象のように思います。地域によってばらつきがあるかもしれないですが。

統計を取ったわけではないので、荒川さんにあらためて確認したいんですが、女性が「結婚したい！　婚活！」と言っていたのは、10～15年前ぐらいだと私は認識しています。最近は、意外と一人でも楽しいよね、という人が増えてきたという印象です。一人で楽しめる娯楽もたくさんありますし、そもそもほかの人がそばにいること自体がストレスだという人がそこそこの割合で存在しているという感触があります。

日本は高齢者よりも独身者が多い「独身国家」になる

荒川　若い世代でもソロ（独身）が増えていくでしょうね。25ページの図2は20年後の内訳を表した円グラフです。

円グラフの右側が独身者ですね。2040年には15歳以上の人口が約1億人で、独身が4600万人。有配偶が5200万人ということです。日本は超高齢国家とかいわれていますが、高齢者人口は3900万人ですね。3900万人の高齢者よりも独身の4600万人のほうが多いわけですよ。

だから、実は**「日本は高齢国家ではなくて独身国家です」**と言えるんじゃないかと思います。そういうことを、この間、経済産業省の方とお話ししたら、「なるほど」と言っていました。お役所は年齢で考えるから、あまり配偶関係で区分けをしないんです。

では、グラフで高齢ソロ男と高齢ソロ女の数字を見てみましょう。高齢ソロ男は490万人、高齢ソロ女は1260万人ですね。

中野 有名な話ですよね。独身の高齢男性の寿命が短いのは、おそらく配偶者と死別したからでしょう。死別したのちの男女の平均余命が違うからですね？

荒川 **妻と離別や死別をすると、男性は余命が短くなります。**逆に、女性は強いということですよね。

当然ながら、未婚者も増えます。最近では、「生涯未婚率」という言葉は「50歳時未婚率」に変わりました。

たぶん、「生涯未婚と言うんじゃない！」というクレームが入ったんだと思うんですよね。「50歳を超えても結婚できる人もいるだろう。可能性はある。だから生涯未婚なんて言うな！」みたいなクレームが。

中野 どこから入ったんですか？（笑）

荒川 わかりませんが、とはいえ、50歳を超えて結婚できる割合は1％もないですから、生涯未婚と言ってもいいと思いますけどね。

図２　日本は高齢者より独身者が多い国へ

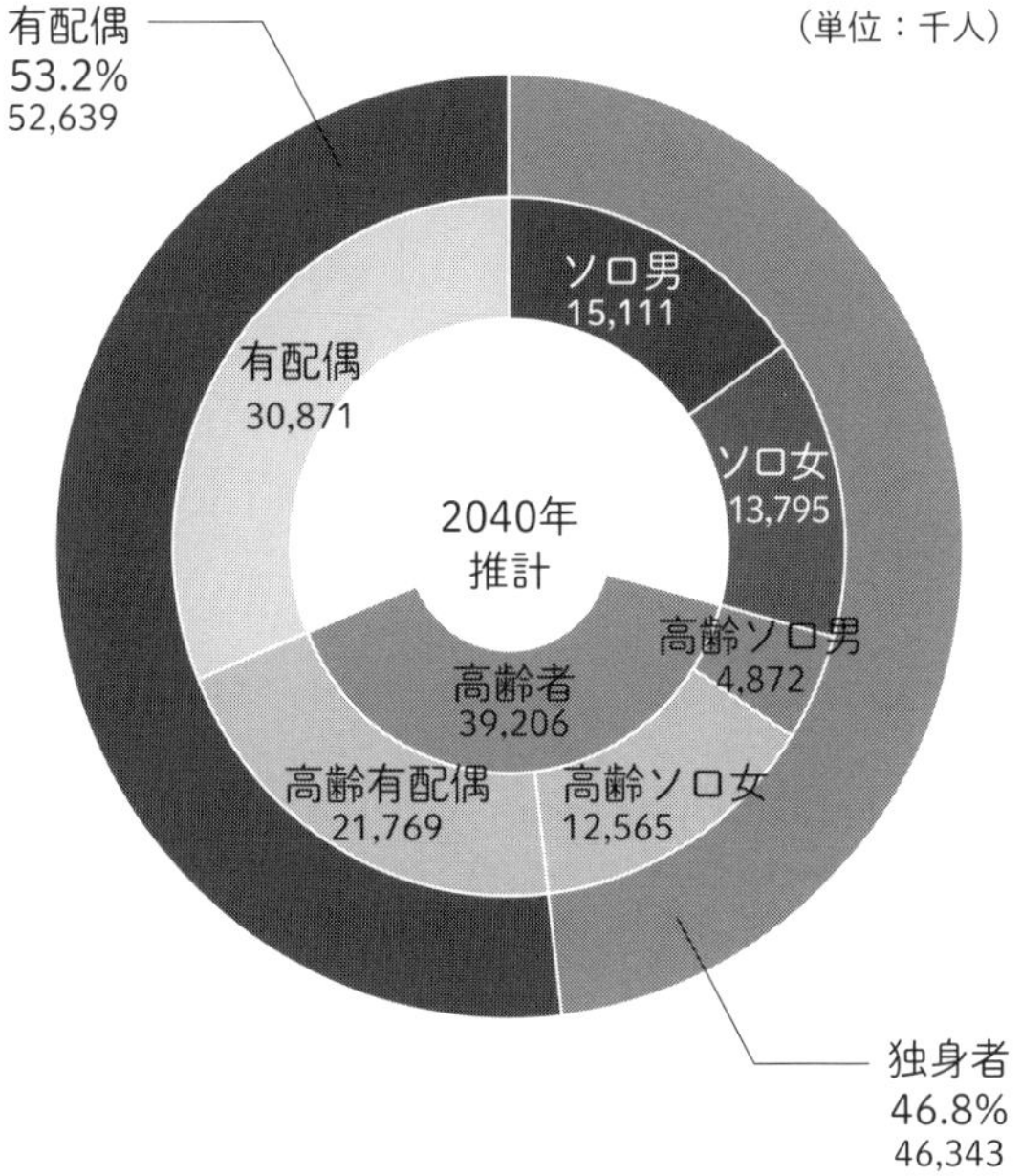

社人研「日本の将来推計人口（2018年推計）」より15歳以上抽出にて荒川和久独自に作成。

図3のとおり、2015年の男性の未婚率は23%、女性が14%。2040年には、男性3割、女性2割です。**男性の3人に1人、女性の5人に1人は生涯未婚となります。**

300万人の日本人男性は、結婚相手が見つからない

中野　これは、**結婚における男性の格差社会が訪れている**ということですね。男性は何回も結婚する人と、結婚しない人に分かれる。女性はそうでもないという事実。

荒川　そうです。男性は再婚相手に初婚の女性を選び、再婚女性は再婚の男性を選ぶ。なので僕は、これはもはや**「時間差一夫多妻制」**だと言っています。離婚・再婚を繰り返す人は何回も結婚するのに、1回も結婚できない人はずっとできない。

中野　この傾向は確か、北欧でもっと顕著だと聞きました。男性は裕福な人が何回も結婚する。一方で、一夫ゼロ妻男性が多い。つまり、男性社会の格差が拡大し、男性どうしの間に戦いが訪れているというわけですね。

荒川　実際、今もそうなっていますよね。**300万人の男性は、どうあがいても結婚相手がいないという状況がある。**図4のとおり、未婚男性と未婚女性の各年齢別の人口差があ

図3 生涯未婚率の推移

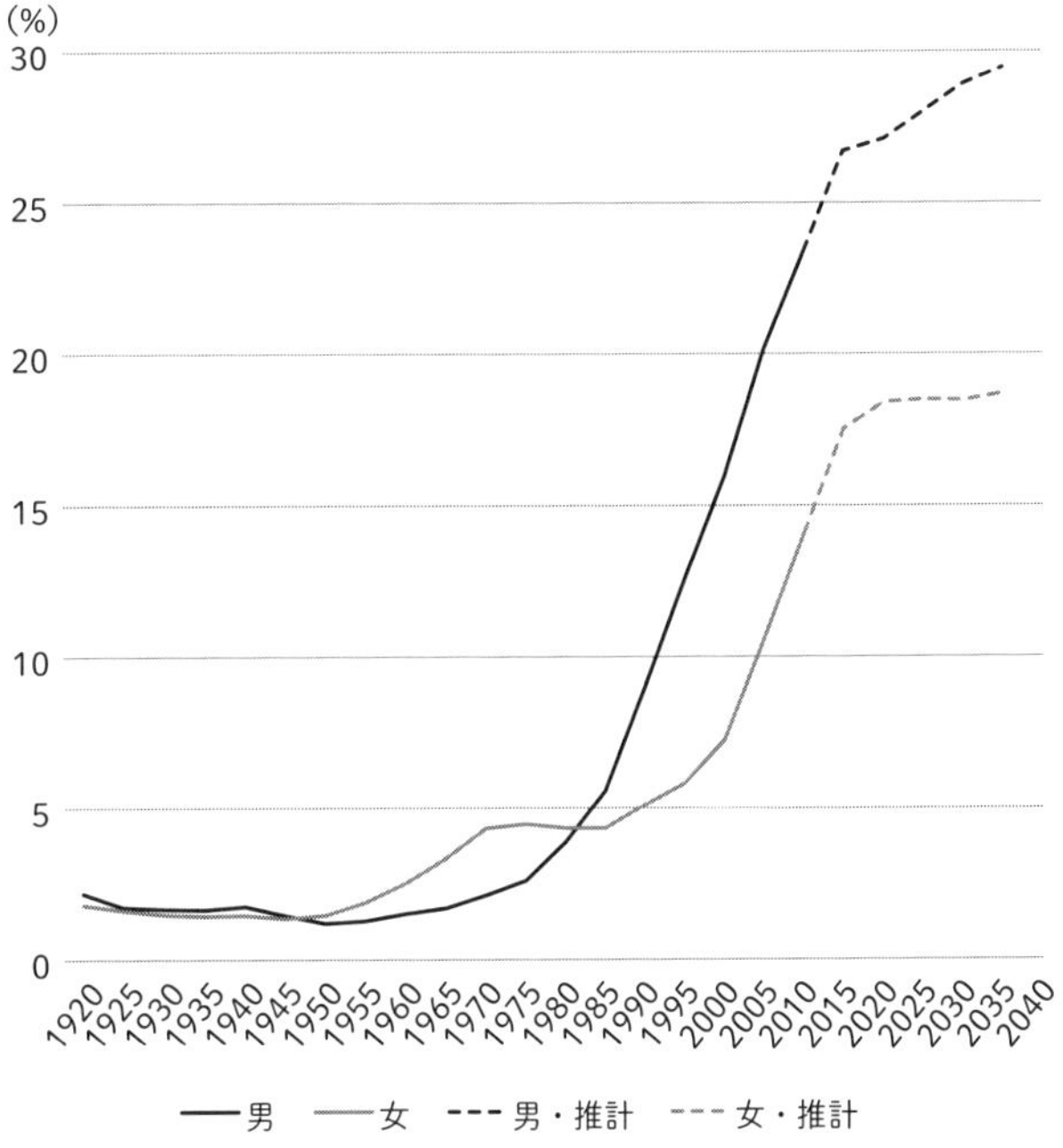

2015年までは国勢調査より。それ以降は社人研「日本の将来推計人口（2018年推計）」より荒川和久試算により作成。

ります。この差分を見ると、各年齢で男がはるかに多い。ずっと「男余り」です。

それが逆転して「女余り」になるのは75歳ですが、これは、おじいちゃんになると急にモテるわけではなく、悲しいかな、男が先に死ぬからです。**生きているうちはほとんど「男余り」**ということですよ。累計すると、340万人の男は余っていく。20代〜30代でもすでに145万人余っているというのが「男余り現象」。ちなみに、中国は3000万人以上の男が余っていますよ。

中野　それはすごい。男性だけで一つの国ができちゃう規模ですね。東京都の人口も上回っている。いろいろな事情で結婚をしない人がそれだけ多くいるわけですね。

荒川　やはり中国が一番多いのかなと思って調べたら、インドはさらに上でした。余っている男が5000万人です。アメリカも900万人くらい男余りですね。全世界合わせると、2億人くらいの未婚男性が余るといわれています。余った男だけで国をつくれますね。

関ヶ原を境に、東日本は男余り

中野　男性の格差社会ということを考えると、やはり女性側に「ある程度以上の層を選び

図4 年齢別未婚男女の人口差

（単位：人）

	未婚男性	未婚女性	未婚男女差分
15～19歳	3,042,192	2,881,593	160,599
20～24歳	2,755,989	2,572,112	183,877
25～29歳	2,222,616	1,852,959	369,657
30～34歳	1,648,679	1,211,351	437,328
35～39歳	1,416,172	959,761	456,411
40～44歳	1,423,716	913,188	510,528
45～49歳	1,092,022	683,887	408,135
50～54歳	806,163	467,837	338,326
55～59歳	607,248	312,233	295,015
60～64歳	552,221	264,934	287,287
65～69歳	425,752	259,014	166,738
70～74歳	185,974	175,233	10,741
75～79歳	87,546	132,730	-45,184
80～84歳	39,750	113,000	-73,250
85～89歳	14,063	78,708	-64,645
90～94歳	2,965	31,169	-28,204
95～99歳	519	6,933	-6,414
100歳以上	126	1,176	-1,050
総数	16,323,713	12,917,818	3,405,895
20-59歳	11,972,605	8,973,328	2,999,277
20-39歳	8,043,456	6,596,183	1,447,273

国勢調査より荒川和久作成。

たい」という欲が出るわけですよね？　どのあたりが結婚できる層なのかを判断する場合、ちょっと嫌なことを言いますが、**おそらく社会経済的地位で線引きすることができる**でしょう。

その線よりも上の層の男性人口と女性人口との引き算をすると、その分だけ女性が余りますよ、と。これがざっくり計算した場合の女性の未婚数という形になっているのかもしれませんね。

荒川　そうですね。未婚者の年齢だけではなく、エリア別に見ても特徴が出てきます。

次の図5は、都道府県別に男余り状況を色づけして日本地図にマッピングしたものです。男性が多く余っているエリアは薄い色、女性が余っているエリアは濃い色。関ヶ原あたりを境に東日本が男余りになっているんですね。一番男が余っているのが茨城県です。次に栃木県で、3位が福島県。福島は東北ですけど、なぜか北関東で男が余っている。

このマップは20代、30代で抽出したものです。日本全国が男余り現象であることは間違いないんですが、20代、30代で抽出すると、なぜか東日本と西日本にきれいに分かれる。でも、東日本の中で東京だけは濃い色、つまり女性の数が多いんですよね。**東京にいると、それほど「男余り」ではない**んです。

図5 都道府県別「男余りMAP」(20-30代)

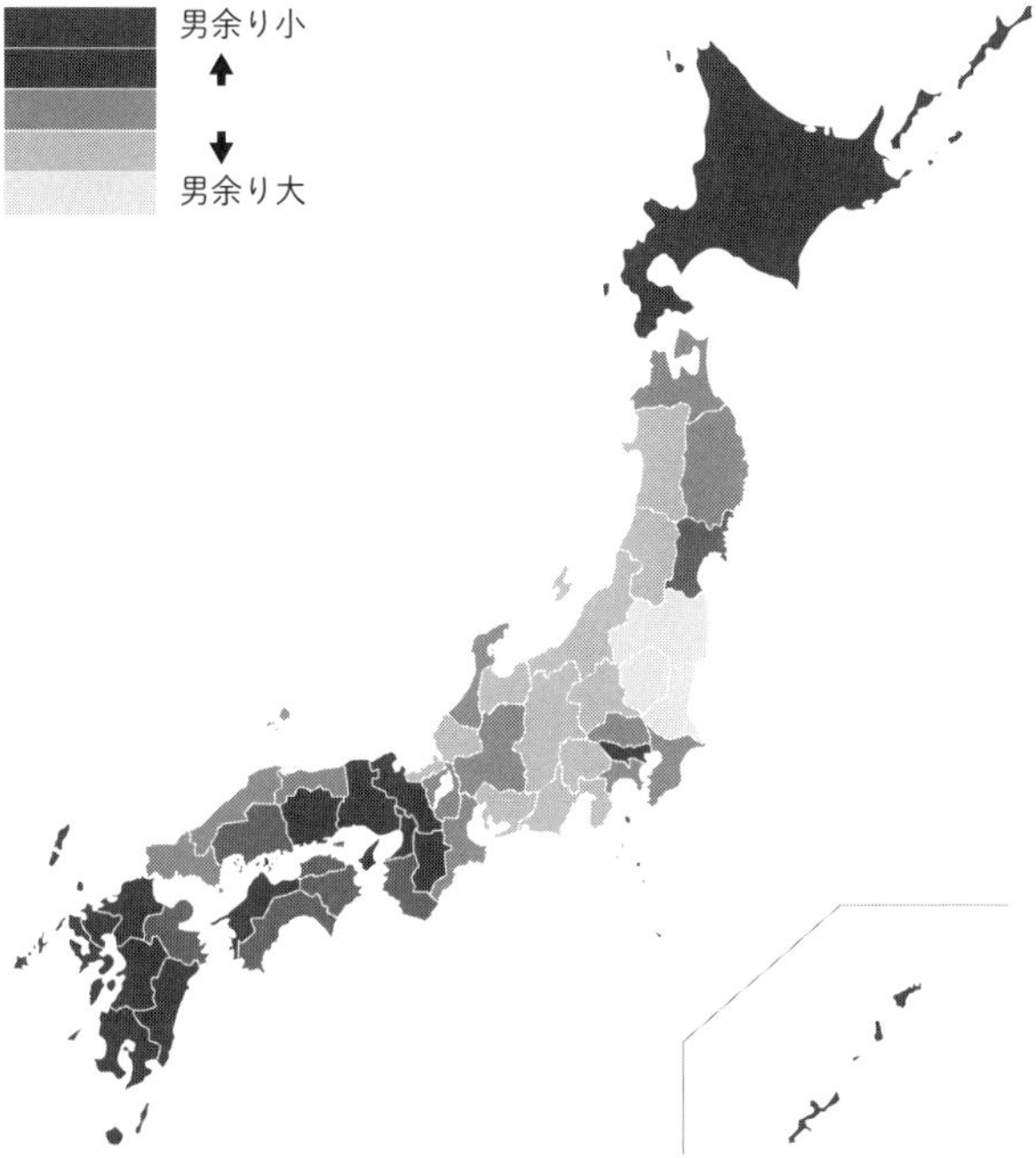

2015年国勢調査より20〜50代の未婚男女差により荒川和久作成。

ちなみに、次の図6は各都道府県の2009年と2019年の時点で人口増減を比較しています。いま、「東京人口一極集中」といわれていますね。図で見ると明らかなんですが、日本の人口は減り続けているのに、1都3県は人口が爆増しています。あと、愛知と福岡、沖縄も増えています。

中野　大都市圏だけですね。関西圏はそうでもないんですね。

荒川　関西圏は減っているんですよ。

中野　大阪は、女性だけ増えて男性は減っているんですね。

荒川　はい、グラフでは見づらいかもしれませんが、大阪は男性が700人減っていますが、女性は3万人も増えている。もう、仕事があるところにしか人が集まらないっていうことですよ。

中野　確か江戸時代は、江戸には男性が女性の倍くらいいたんですよね。

荒川　江戸はそうでした。現代の東京は逆で、働きに来る女性が多いということでしょう。東京に出てきてそこそこ収入を得るようになったら、このまま一人でも生きていける、あるいは仕事が楽しいから結婚や子どもはもういいかとなるのかもしれません。

ちなみに、大阪や福岡も女性が多いのですが、結局、**仕事があるところに女性が集中し**

図6 人口は減り続けているのに、首都圏だけ人口爆増

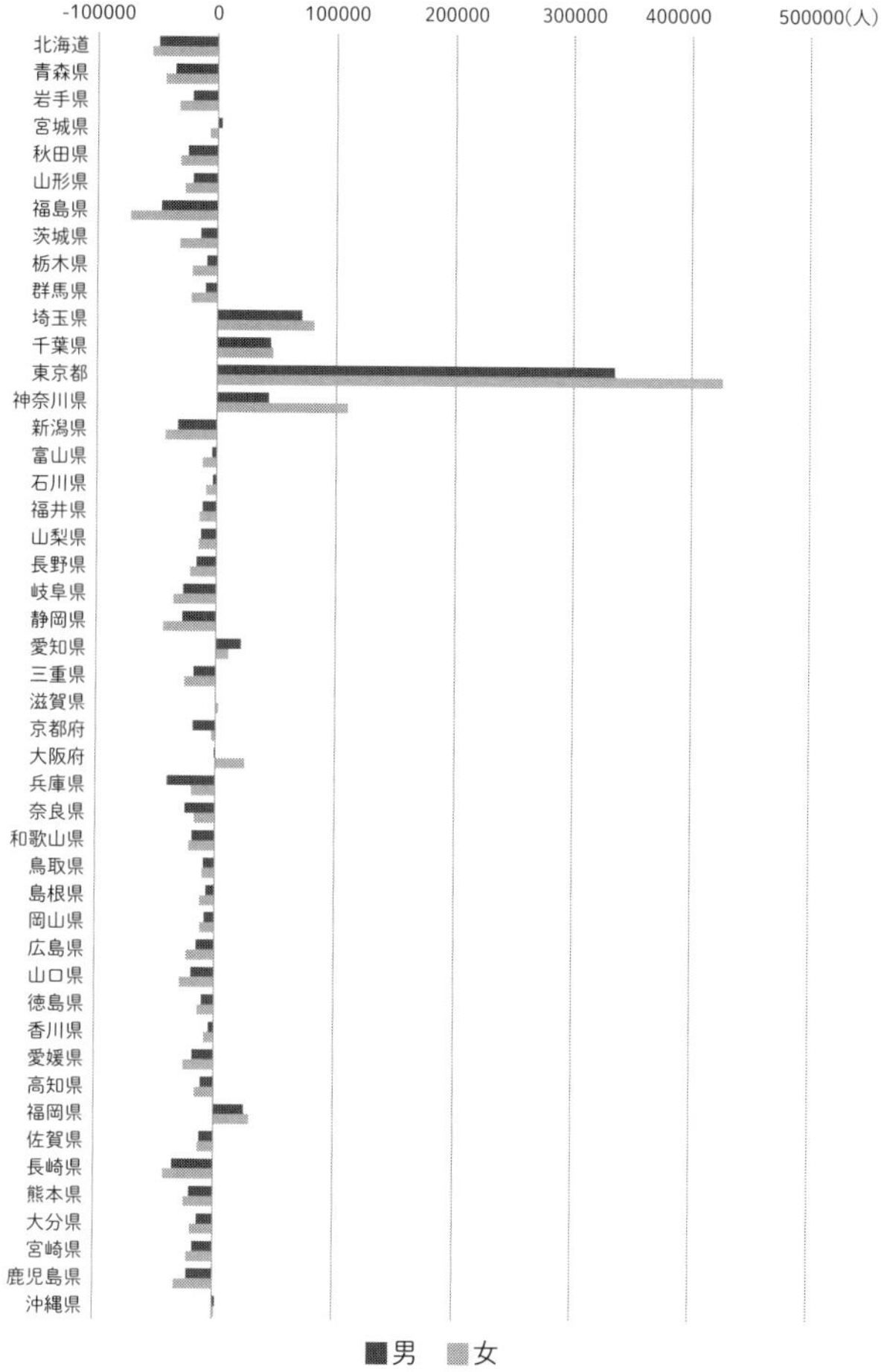

総務省「人口推計」より、2009年から2019年までの各県転入超過数を累計合算して荒川和久作成。

ます。飲食、販売業、サービス業といった仕事です。そして、工場地帯には男性が集中する。住むエリアで変わるんですよね。だからといって、女性が茨城県に行ってもモテモテになるわけでもないし、福岡に男性が行ったからってモテモテになるわけではありませんが。

中野　顕著ですね。東京・神奈川・千葉・埼玉以外は、人口は増えていても微増。結局ほとんどが減っていき、増えているところだけにより集中していくんですね。「コンパクトシティー」といわれていますが、ほうっておいてもコンパクトになっていく。これは傾斜配分すべきだというのもわかります。

独身男女の住むエリアの壁
――「港区女子」と「足立区男子」は出会えるのか？

荒川　日本は昔からずっと東京一極集中なのかと勘違いしがちですが、この65年間の人口移動を表したのが次の図7です。１９６０年代から90年代前半にかけて、ぐっと人口が増加している②の線は埼玉・千葉・神奈川です。つまり、東京以外の３県が増えるドーナツ

図7 主要都市65年間の人口移動（日本人のみ）

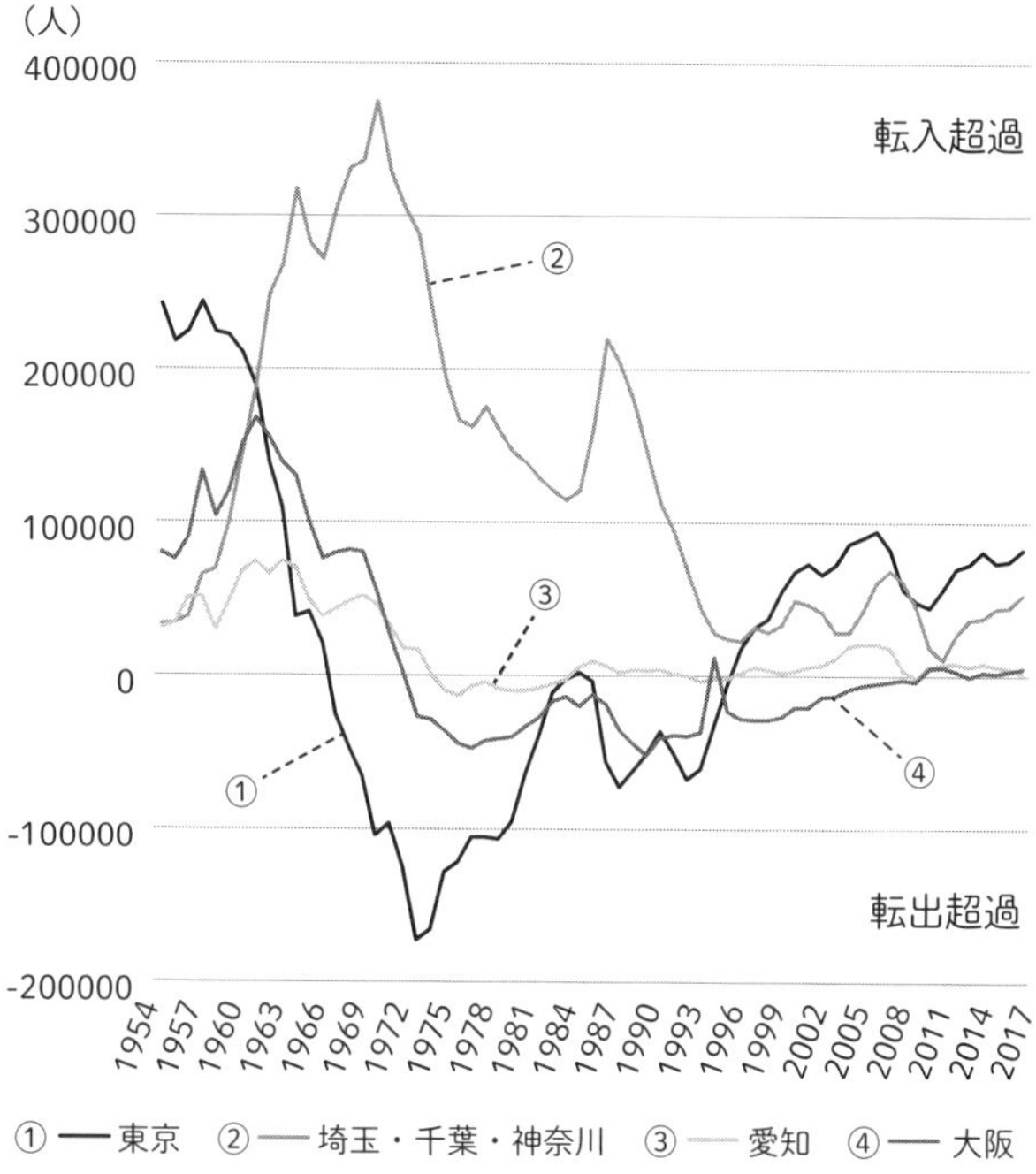

総務省統計局「住民基本台帳人口移動報告」より転入超過数にて荒川和久作成。

化現象。

中野　いわゆるベッドタウンですね。

荒川　そうです。通勤ラッシュをつくったのもベッドタウンの人たちです。グラフを見ると、今は全然増えていないですが。逆に、当時の東京は人口が減っていたんですよ。

中野　都心に住めないからでしょうか？

荒川　そうです。東京の人口が減り3県は増加という現象が、今は逆転しています。東京が増えて、周りが減りました。**東京に人が移ってくるようになったのは最近**なんです。

中野　利便性とか老後の足とかを考えたら、都内は便利ですからね。

荒川　ちなみに若い女性でも、恵比寿のような家賃の高いエリアに住んでいる人が多いです。特殊な例かもしれませんが、新入社員なのに家賃15万円のワンルームとか。

中野　それは、シェアハウスや「パパ活女子」というケースではないんですか？

荒川　違います、普通の若い人です。給料の構成比50％を家賃にあてると聞いて驚きました。ただ、彼女たちからすれば、家賃が高くてもセキュリティー（安全面）がしっかりしたところに住みたいという理由もあるんです。

以前、僕がこの件で記事を書いたら、『月曜から夜ふかし』というテレビ番組に取り上げられましたけど、**独身女性と独身男性では住む区が違う**んですよ。区が違うというよりも、住んでいる男女比が全然違います。比率でいうと、港区・中央区・渋谷区とかは女性が圧倒的に多い。

逆に男性が多く住んでいる区は、20代から60代まで1位、2位、3位がほぼ同じです（※2015年国勢調査より単身世帯の男女比で男性のほうが多いランキング）。つまり、江戸川・葛飾・足立の3区は独身男性の一人暮らしが非常に多い。

中野 家賃が安いからですか？

荒川 そうです。**もはや完全に男はダウンタウンに住み、女はアップタウンに住むという状況。**この状況なら、**未婚男女はもう永遠に出会わない**よね、と思うんです。

中野 「港区女子と足立区男子」、面白いですね。住むエリアを色分けできてしまう、と。

荒川 男町、女町というわけです。治安やセキュリティーにお金をかける女性と、安全面はさておき、ごはんや遊びにお金をかける男性とに分かれます。

中野 なるほど。家賃という固定費をどれだけ払えるかというマインドの差がそうやって表れるんですね。

荒川 そう思います。葛飾区とかはずいぶん安いですから。

中野　可処分所得が固定費に取られない分を、男性はどういうところに使うんですか？

荒川　飲んだり食ったり、要するに飲食です。家計調査で見ると、一番お金をかけているのは食費だとわかりました。

一人でいたい人は4割、他者と一緒にいたい人は6割

荒川　話を戻しましょう。独身人口が増加する理由として、離婚の増加も挙げられます。次の図8のように、特殊離婚率と人口千対（1000人の人口集団の中での発生比率）の普通離婚率で見ると、人口千対の離婚率が下がっているように見えますが、そもそも人口が減っているので、こうなっています。

特殊離婚率は、離婚数を婚姻数で割るのですが、ここ15年は35％くらいで推移しています。マスコミがよく使う**「3組に1組は離婚する」というフレーズはこの特殊離婚率をもとにしています。**これも離婚が増えたのではなくて、日本人が元に戻ったように思えてなりません。というのも、江戸時代などは離婚が多かったですから。

中野　そうですね。離婚が少ない明治時代は、実は特異的ですね。

図８ 離婚率の推移

「人口動態総覧」より荒川和久作成。

荒川　明治から昭和の高度経済成長期までが、むしろ離婚が少なすぎるんですよ。本書のテーマと異なるので、この話は掘り下げませんが。

「増える一人暮らし」ということで、独身人口についてお話ししましょう。先ほども述べたように、２０４０年には一人暮らしの世帯が４～５割になります。昔は夫婦と子どもの標準世帯といわれていたのが、今後は23％にまで下がります。

中野　『サザエさん』家庭が標準なわけではないですね。

荒川　『サザエさん』のような大家族どころか、「パパとママと子ども」という家族構成が、23％しかいなくなってしまうんです。

中野　４分の１を切っているんですね。

荒川　つまり、このような家族という形態も終わるかもしれません。次のページの図９のように４象限にしてみました。ソロだけじゃなく結婚している人も入れて、縦軸が独身か既婚（有配偶）かという基軸で、**横軸がソロ度が高いか低いかです。つまり、一人でいたいか、みんなでいたいか、です。このソロ度が高い人は、日本ではざっくり言うと４割くらいいます。**逆に、みんなと一緒にいたいという人は６割いる。

縦軸の独身と既婚の比率も今は４対６です。それをさらに分けると、まず「ガチソロ」

図9 ソロ属性4象限

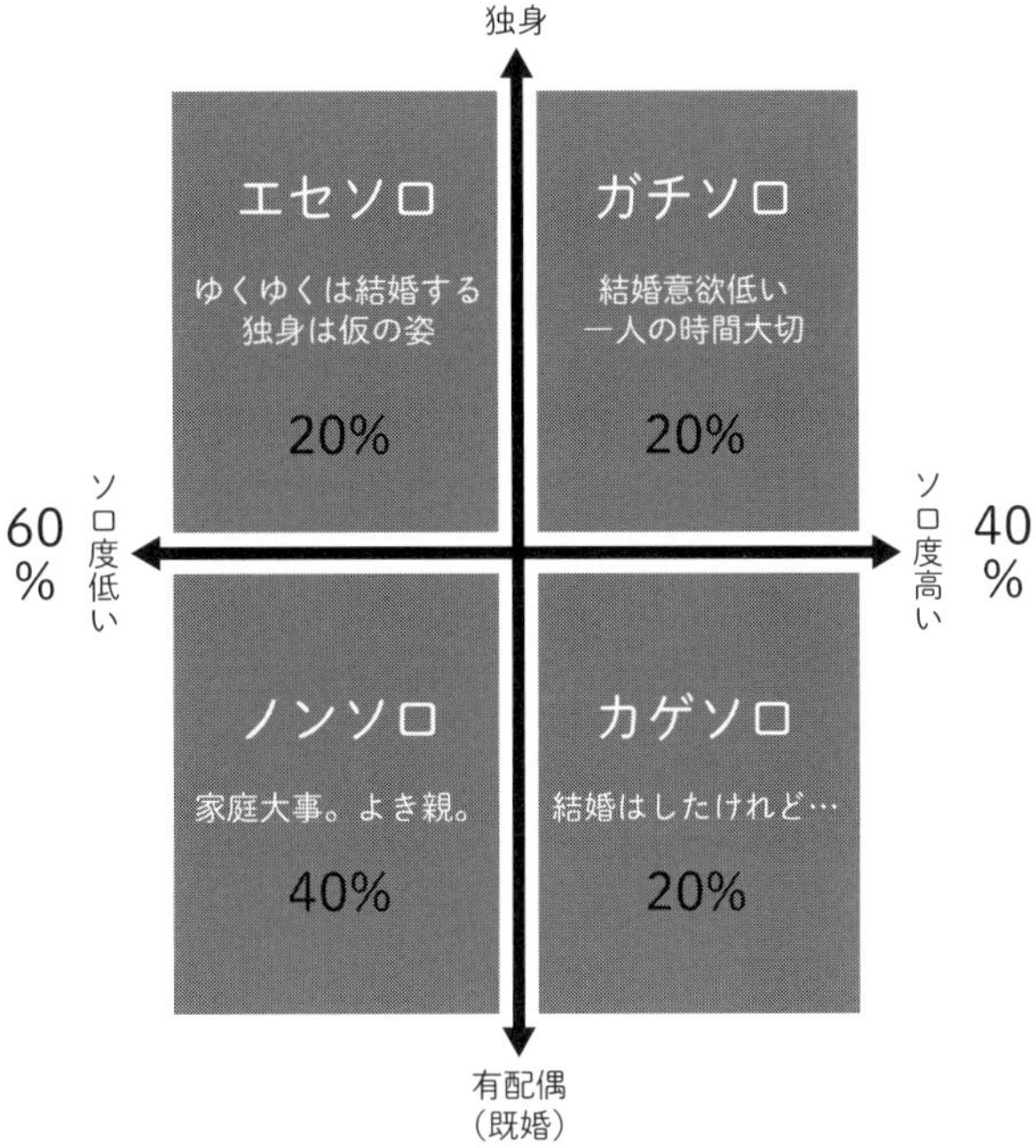
独身
エセソロ
ゆくゆくは結婚する
独身は仮の姿
20%
ガチソロ
結婚意欲低い
一人の時間大切
20%
60%
ソロ度低い
ソロ度高い
40%
ノンソロ
家庭大事。よき親。
40%
カゲソロ
結婚はしたけれど…
20%
有配偶
(既婚)

というグループがいます。**ガチソロは結婚意欲も低いし、むしろ一人の時間のほうがくつろげるという人たち**です。この生涯未婚かもしれないガチソロたちが20％。

「エセソロ」とは、今は独身（ソロ）なんですけれども、ゆくゆくは結婚して「ノンソロ」（既婚）になる人たち。家族が大事で、よき父、よき母みたいな人たちが「ノンソロ」。一番多くて4割を占めます。

「カゲソロ」とは、結婚はしたけれど本当は一人が好きというような人たち。この人たちが実はガチソロとカゲソロを行ったり来たりして、離婚と再婚を繰り返す。全体のうち有配偶は6割、カゲソロは2割なので、有配偶の3分の1がカゲソロになります。先ほどの3分の1は離婚するというのはまさにこういうことで、ここを行ったり来たりする。

こうやって分けると、あとから理屈づけしたわけじゃなくて、数字のつじつまは合っているなと思います。

1歳半までの愛着関係が人づき合いを左右する？

中野　非常に興味深い図ですよね。**人とうまくやっていくのが得意な人か、不得意な人か**

という分け方は本質に迫るものだと思います。もちろん、その得意不得意には生まれつきの要素も、後天的な要素もどちらもあるでしょう。

エセソロとノンソロは、ほかの人と一緒にいても自分の領域をちゃんと守れて、バランスよくつき合える人たち。

ガチソロとカゲソロは、ほかの人がそばにいると不快に感じる人たち。人に親切にするのもどちらかといえば苦手で、関係の初期にはがんばって親切にするけれども、ずっとそれを続けるのは負担になってしまうタイプですね。

荒川　生まれつきは変わらないものなんですか？

中野　生まれつきの要素と、後天的に育まれる要素、どちらもあります。後天的な要素は、ほぼ1歳半くらいまでで決まると考えられています。

具体的には、生後6か月から1歳半。ある脳内物質レセプタの密度が決まる重要な時期です。カギになるのは、養育者との関係。この時期に適切な愛着関係が築けていないと、誰かがそばにいることを好まない、あるいは逆に一人でいたいわけではなく、過剰に誰かに近づこうとしてぎこちなくなり失敗する、というケースが多くなります。

荒川　昨今、未婚者が増えているのは、1歳半までにその適切な関係が築けていない人が多かったということですか？

中野　そう言うと、親御さんを責めているように聞こえてしまいますが……。さまざまな事情によって、養育者と子どもとの（愛着）関係にはバリエーションが生まれるのは事実です。**1歳半までの養育者との関係によって、その後の人生で他者とのつき合い方が異なってきます。**

私の著書でも紹介しているように、イギリスの精神科医のジョン・ボウルビイやアメリカの発達心理学者メアリ・エインスワースらによって確立された「アタッチメント理論」（愛着理論）によれば、**愛着スタイル（人間関係を築くうえでベースとなる認知の様式）には「安定型」「回避型（拒絶型）」「不安型」などのタイプがあります。**

ここではざっくり説明しますが、次のような特徴を持つと考えられています。

- **安定型**　他者とのフランクな関係の構築が得意
- **回避型**　他者とのフランクな関係の構築には消極的
- **不安型**　他者に対する過度の期待や失望、喪失の危機感を抱く傾向が強い

　つまり、タイプによっては他者とともに過ごすことが得意でない人もいます。もちろん、ソロが悪いというわけでなく、一人で過ごすほうが向いているとそもそも感じやすい脳の人もいるということです。

荒川　なるほど、みんなが結婚に向いているわけではないんですね。結婚は義務ではないですから、当然ながら自分に合った適応戦略を取ればいいですよね。

結婚していても孤独死するという現実

荒川　向き不向きってありますよね。たとえば、ソロでいる人って、シェアハウスが嫌いな人が多いんですよ。

中野　ああ、それはしっくりきます。

荒川　帰ったときに、ワイワイガヤガヤしているとか、灯りがついているという状況をストレスに感じる。真っ暗で誰もいなくて、シーンと静まり返った部屋に帰りたいんです。

中野　よくわかります！

荒川　中野さん、既婚者ですけどわかります？

中野　ごめんなさい。旦那さんのことは好きだけれど、家にいるとちょっと「ああ……」という気持ちになることがあります。一人で30分でもゆっくり寝たかったな、とか。こういう感覚は、相手が好きという気持ちとはまったく別のところで生まれる感じがしますね。

荒川　やはり、結婚や他人と暮らすということには向き不向きがあると思うんですよ。中野さんがおっしゃったように、個人の愛着スタイルにもよると思うんですが、不向きな人が無理に結婚する必要はないはずです。

とはいえ、独身だと「結婚しないと孤独死するぞ」と必ず一回は言われますよね。でも孤独死の問題については、よく考えてほしいんです。**孤独死しているのは、ほぼ元既婚者**なんですよ。高齢で孤独死している75歳以上の人たちを例に出すと、いま75歳以上の人たちは日本が皆婚時代といわれていて、ほぼ100%結婚していた時代の人たちなんです。ということは、いま孤独死している人はほぼ全員、昔は結婚していたんですよ。

中野　単純に考えればそのとおりですね。

荒川　**だから、「結婚しないと孤独死するぞ」じゃなくて、「結婚していても孤独死するよ」という話**なんです。

中野　独身か既婚かはあまり関係ない、むしろ独身のほうが前々から準備できるとも言えますね。

荒川　そうです。**結婚は義務ではないんですから、孤独死を恐れて無理に結婚しなくていい、**と言いたいですね。

経済活動としての結婚、搾取手段としての「皆婚主義」

荒川　繰り返しますが、結婚はしなければならないものではないんですよ。マルクス・ガブリエルというドイツの哲学者がいるんですが、今は何でも消費する欲望の時代で、**結婚も消費の一つ**だと言うんです。

中野　非常に興味深い考え方です。「結婚は経済活動」という観点ですね。

荒川　**「結婚は愛だ」とかいわれているけれど、結婚も一つの欲望を消費することによって満足しているものだから、実は消費なんだ、**と。なるほど、と納得しました。

中野　まさにそうですね。消費される価値という見方から人間関係を読み解く視点は面白いと思います。

まだ終身雇用や年功序列制度が盤石だった頃は、結婚しない人を一段下に評価する暗黙の仕組みがありましたよね。なぜそうだったかというと、**要するに、「人質」なんですよね。会社のために粉骨砕身働かせるためには、独身でなく家族がいたほうが働くだろう、**ということ。

組織体の中で何か圧力をかけなければ遂行できないようなことをやらせるときに、「おまえの子どもと奥さん、どうなっても知らないぞ」「お子さん、今年小学校に入るんだってね」と言えば相手は従うだろう、というわけです。

家族のある人にはその手が使えるけれども、家族のいない人には使えない。要するに、独身者には手綱をつけられないので、重要な地位にはつけない。

これは、マイホームの購入についても同じことが言えます。家を買ってローンを組ませて借金をつくらせる。そうして働かざるを得ない状況を構築し、離職率を下げよう、という仕組みなのではないでしょうか。だから長期ローンを組んでマイホームを購入した人には地位を上げてやろうということになるんだよ、という話を聞いたことがあります。

その搾取の構造の名残が今もあるのかなと思います。結婚していないと会社を辞めたり、好き勝手に仕事をしたりするかもしれないから、企業の論理にはなじまないね、と。そういうふうに、**ソロの人たちがやや劣勢にならざるを得ない社会がつくられていた**わけです。

最近はそうでもないでしょうか。

荒川　もともと武士にしかなかった家父長制度を庶民に適用したのは、まさにそういうことですよね。昔は田畑を質に取られて、「おまえ、言うことを聞かないと田畑を取っちゃうよ」と言われると嫌だから一生懸命働く。

今はみんな農民ではなくなって、田畑のない都市型生活ですから。要は、田畑の代わりが家族なんですよ。**「家族を持て」と言われたら、それは実は人質で、家族のためにおまえは働くんだよと強制されている**わけなんですよね。

中野　だから、人質のない人、つまり独身者はあまり重要な仕事はさせてもらえない。

荒川　そう。人質がない、イコール使いものにならない、と判断される。

中野　そういうことですよね。**結婚する・しないは道徳論というよりも、企業の論理だったと。**

荒川　結局、結婚も企業の論理なんですよ。皆婚社会なんて、たかだかこの100年くらいの話ですから。

中野　それで一般職という職種があって、嫁候補を会社が用意するんですよね。言い方はちょっと乱暴なようですし、極端な言葉かもしれませんが、つまり人質候補ということですね……。

荒川　業種や職業によって就業者の男女比が大きく異なることは就業構造基本調査からも明らかです。

特に、未婚男女で比較すると、医療・福祉、小売、飲食サービス系は女性の方が多い。1980年代までの皆婚社会では、そうした男性が少ない業種では、男性に希少価値が生まれてものすごくモテるという現象が見られました。

中野　それは興味深い現象ですね。

荒川　でも、自分のいる共同体の中で自分を養ってくれるパートナーを探すことが女性にとっての結婚だと仮定するならば、そういうことですよ。その中で一番出世しそうな男性を選ぶんですよね。かつては、この種の「経済活動としての結婚」は一般的でした。

家族市場の衰退、「ソロ活市場」の拡大

荒川　結婚は経済活動であり、それゆえ市場でも大きな存在感を持っていました。市場でいうと、今までの高度経済成長期のスーパーマーケットを支えていたのは主婦、次の図10

図10　ソロ属性4象限と市場の関係

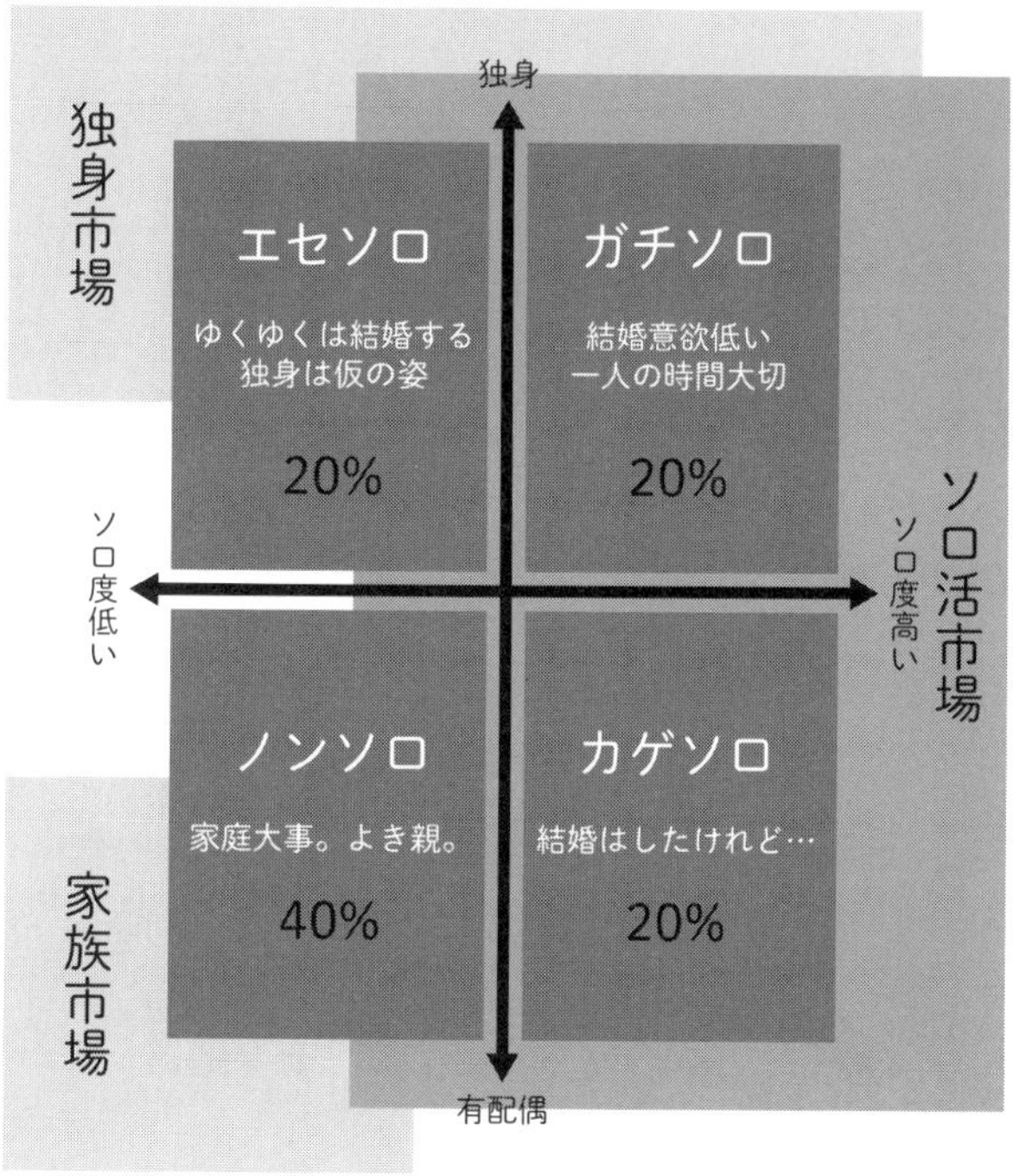

でいうと「ノンソロ」、いわゆる「家族市場」です。

これは、家族の財布はお母さんが握っているということ。つまり一家の主婦が家族全員の買い物を仕切る家族市場というものが全体の4割を占めていたんです。ですから、**今まては夫婦や家族が経済を回していた**といえるでしょう。

ただし、今後は人口の4割、5割が独身になる。もうすでに4割です。もともと独身の人（エセソロ&ガチソロ）たちがモノを買う「独身市場」が存在していますが、「本当は一人で行動したいんだけどな」というカゲソロの人たちの市場も含めた「ソロ活市場」がものすごく大きくなっているんです。

この図10のように、「独身市場」と、既婚・未婚の状態に関係なく一人で消費をする「ソロ活市場」の2つが生まれてきています。「家族市場」はさっきも言ったように、6：4くらいにシュリンク（縮小）していくんだろうと考えられますね。

次の図11は、「ソロ活が増えた」ことを示しています。いわゆる「一人で行けるもん！」ですね。一人で出かける人の割合を見ると、意外に水族館や動物園など、女性のほうが一人で出かけていることがわかりますね。一人で旅行に行くのもけっこう女性が多い。

先日、テレビを見ていて思ったのが、男はおじさんになると国内旅行に行きたがる。海

図11　ソロ活の増加・男女別

(%)

	ソロ男	ソロ女
国内旅行	78.5	72.4
音楽フェス・ライブ	43.3	55.9
海外旅行	52.1	54.3
水族館	37.8	47.8
動物園	34.5	46.4

2018年 荒川和久調査（一都三県20-50代未婚男女　N630）。「一人で行ったことがある」と回答した割合。

外ではなく、国内旅行に一人で行きたがる。

中野　お疲れなんでしょうね……（笑）。

荒川　男性が一人で出かけるのは温泉とフェス。音楽フェスとかライブって、昔は友だちどうしで行ったものですが、今は一人で行く人が増えています。なぜならば、音楽の趣味が合わない友だちと行っても気を使うだけで楽しめないからです。フェスやライブなら、行った先には趣味が合うやつしか集まっていないから、そこで友だちになればいい。

中野　非常に合理的ですよね。

ソロ男の外食費は、一家族分の外食費の2倍近い！

荒川　ソロ活市場の話と関連しますが、単身男性の消費傾向を調べたところ、図12を見てわかるように圧倒的に食費が高いんですよ。

37～38ページでもふれましたが、家計調査の結果、単身女性は家賃に、単身男性は食にお金をつぎ込むことが判明しています。

中野　それは、食べる量が多いからお金がかかるということでしょうか？　私は若い男性

図12 一人暮らしの独身男の食費は「実額」で家族に匹敵

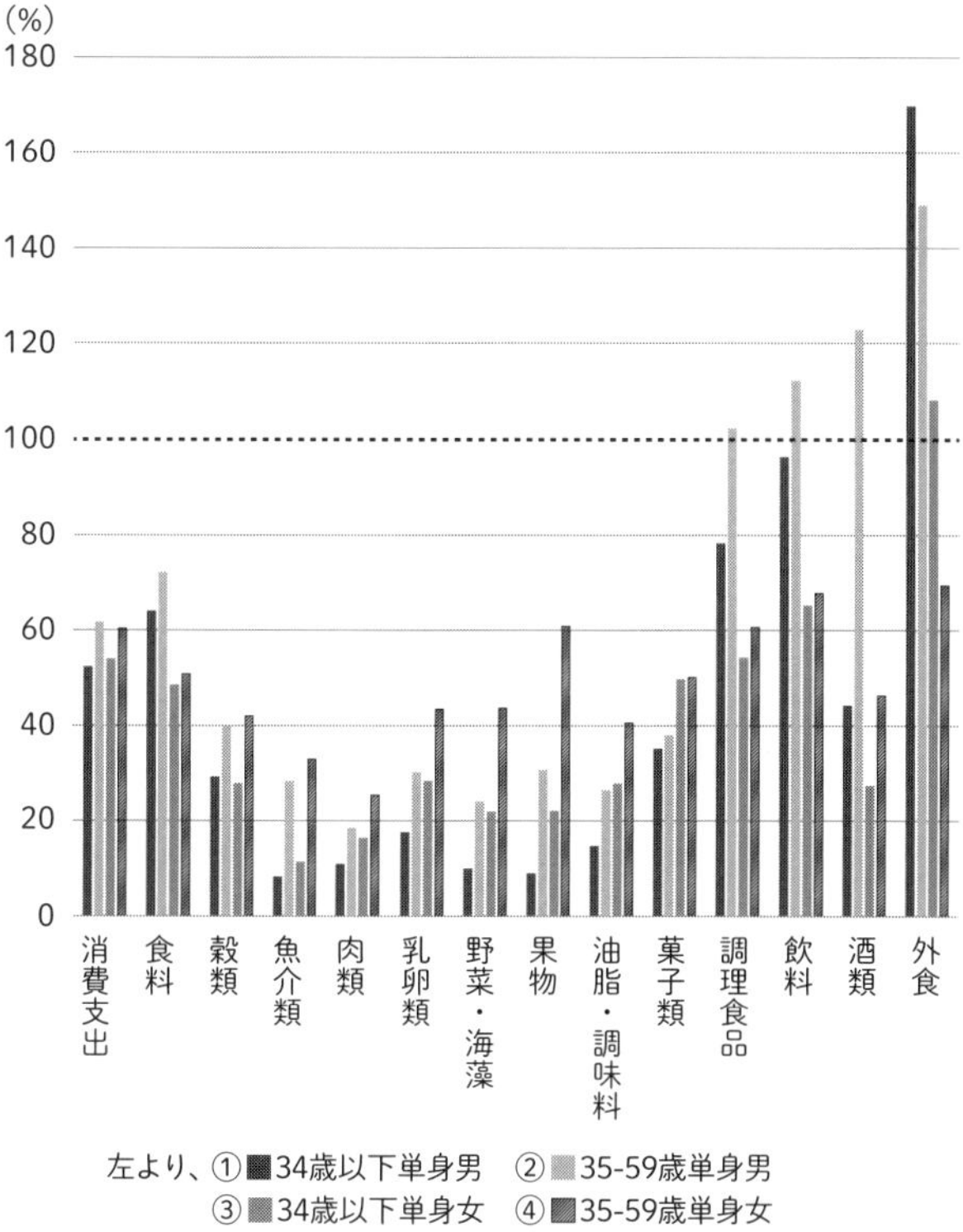

「家計調査」より2007-2019年の月当たり平均消費実額を２人以上の世帯（家族世帯）の金額と比較したもの。100％を超えているものは家族世帯より実額で多く支出している。荒川和久独自に作成。いずれも勤労者世帯のみ。

の食の傾向を正確には把握していませんが、周囲の学生さんなどの姿を見ていると、量が多くて味がはっきりしているものを好む印象がありますね。いわゆる「質より量」というイメージ。

一方で、女性の好みは、見た目がおしゃれとかオーガニックフードのような割高感のあるものに偏っていて、お金がかかるという印象があるんですよね。

荒川　そういう意味でいうと、量をたくさん食べているというよりも費目の違いですね。やっぱり、男は外食が多いのでお金がかかります。

中野　なるほど、自炊しないんですね。

荒川　はい。自炊している男性もいるでしょうが、やはり圧倒的に外食が多いです。独身男性の外食費は、実は一家族分の倍ぐらいかかっています。実額ですよ、率（％）じゃなくて。

中野　エンゲル係数が高いんですね。

荒川　そうです、ほぼ3割です。だから、外食費はかかっていますね。家計調査だと全部平均化されてしまうから、肉や魚を買っている独身男性もいるように見えますが、なかには１００％外食の人もいるでしょう。

僕らが若い頃は、車や女性（恋愛）にお金を使っていた人が多いイメージでしたが、今は、特に都会に住む若者は「車離れ」で免許も取らない人が多いですね。

中野　すると、女性（恋愛）にお金を使うということ？　でも、恋人がいない男女が増えているという話も聞きました。

荒川　いわゆる若者の「恋愛離れ」ですね。なんでもかんでも「若者の○○離れ」と言われがちですが、実はそうでもないんですよ。恋愛については、第4章の「恋愛強者3割の法則」のところでお話ししましょう。

中野　となると、彼らは課金ゲームにお金を使っているんですか？

荒川　でも全体費目としては、趣味娯楽費ってそんなに上がっていないんです。むしろ少しずつ下がっています。**全体の支出自体はそんなに変わっていないんですが、とにかく唯一、上がっているのが食費**ですよ。

先ほどの図12でいうと、①の棒グラフは34歳以下の独身男性、②は35歳以上59歳以下の独身男性。③は34歳以下の独身女性、④は35歳以上59歳以下の独身女性です。

中野　この図12では、家族の支出を１００としてあるんですね。

荒川　はい。外食にいたっては34歳以下の独身男性はもうほぼ家族の2倍近く、お金を使っていますね。あと、35歳以上の独身男性は酒も飲料も、弁当とかおにぎりとかの調理食品も、実額で家族以上に消費しているんですよ。これはパーセンテージではないので、一家族分より多く、外食費にお金を使っているということなんです。

中野　一家族分より多く……。すごいですね。

荒川　当然ながら、自炊する人は少ないので魚介類や肉類、野菜などは買わないですが。ちなみに、34歳以下の独身女性も一家族分より多く外食にお金を使っています。ただ、女性に比べて、**男性はやっぱり圧倒的に酒と飲み物と調理食品にお金を使っている。**逆に言うと、コンビニを支えているのは独身男性なんですよ。

中野　この一番左の費目、「消費支出」というのは全体ということですよね。全体に占める外食の比率がきわめて高いですね。

荒川　そうです。あと、家族は学校や習い事といった教育費がかさみます。独身の人は0円ですが。家族と独身とでは消費する費目がまったく違うんです。

外食が多い独身男性ですが、彼らはどこで外食しているのか――基本的に立ち食いそばとか、チェーン店とか、牛丼屋とか。ラーメン屋もやたら多いですね。

定食屋を支えているのもソロ男ですよね。白米がおかわりできるとか、そういうところがけっこう大事です。

中野　若い男性にとっては重要な要素ですよね。

荒川　そうなんですよ。最近は牛丼屋に一人で入るのは嫌だという女性は減りましたが、昔は牛丼屋のカウンターには男ばかりガーッと並んでいましたね。

中野　これまでの日本では、男性の食事に関しては、独身時代は外食、結婚後は妻が担うというスタイルでした――特に古い価値観の家庭では。

でも、今は手軽にチェーン店で安くてそれなりに美味しく食べられるんだから外食でいい、食事の利便性のために結婚しなくてもいい、となりますよね。

荒川　そうですね。逆に、結婚したら独身時代に外食につぎ込んでいた金額の半分は節約できる、と考えることもできます。

中野　でも、それよりも独身を選んでいるということですよね。興味深い傾向です。男性の食事の世話をしてあげるような女性も減っているわけですね。女性としても、自分は男のために料理をつくるような人生を送りたくないわ、というスタンス。

荒川　そうです。これはやっぱり独身の女性、しかも40代、50代の未婚女性が増えてきていることと関係があるでしょう。

中野　独身女性の数、増えていますね。

荒川　これはあとで話しますが、やっぱり**「女性の男性化」**も一つの大きなテーマですよね。というより、今までの「女性は一人で立ち食いそばなんて食べない」というようなステレオタイプ・価値観が変わってきています。別に恥ずかしくないという女性もたくさんいますからね。

中野　私も全然恥ずかしくないですよ。

第2章

孤独とは悪いことなのか？

この章では、「悪」と見なされがちな孤独の正体とは、という切り口で、孤独のデメリットだけでなく、一人で過ごすことのメリットについて語り合います。
また、人間関係がもたらすストレスと癒やし、SNSと孤独の関係、コミュニケーションスキル、愛の未来についても掘り下げます。

孤独は「健康を害する」?

荒川　国の推計した人口構造や消費支出を合わせて考えると、**2030年にはたぶんソロ消費が家族消費支出を抜く**、というのが僕の分析です。これは、親元にいる独身も含めてです。

一人暮らしの独身だけだとそこまでいきませんが、**いま「親元未婚」という人が非常に増えています**。実は、実家暮らしが一番賢いんですよ。家賃を親元に入れても、自分だけで家を借りて家賃を払うより断然安いですから。

中野　実家のインフラも使えますしね。

荒川　頭の固い人はすぐ「ニートだ」「パラサイトだ」とか、あげくのはてに「子ども部屋おじさん」などという言葉で揶揄《やゆ》する人もいます。しかし、親元未婚って、むしろ賢いんですよ。

中野　そうでしょう。合理的ですよね。

荒川　きわめて合理的です。ということで、ソロが増える、つまり「日本はみんな孤独になりますかね？」という話をしたいです。孤独をものすごく怖がっている人がいますよね。

中野　どうしてなんでしょう？

荒川　どうしてなんですかね。「孤独は悪」と善悪で論じる向きもありますが。

中野　ネガティブなイメージがありますよね。「孤独」という言葉がとても寂しいイメージ、かわいそうなイメージと結びつけられている。ソロでいる人は極力減らさなくてはいけない、と。

荒川　ひどいですよね（笑）。

癒やしの行為としての「孤食」

中野　実際は、そんなことはないわけですよね。**一人でいなければ癒やせない傷もあります。**

荒川　そうなんですか？

中野　だって、人に会うのは気を使うし、頭も使わなければいけないから、脳もすごくエネルギーを使うんですよ。**そういう余分なエネルギーを使わないで、癒やすことに集中したいなら、一人でいることも必要**です。

たとえば、「一蘭」というラーメン屋さんがありますね。普通のカウンター形式でなくて、パーティションで区切られていて、壁に囲まれて食べることに集中するスタイル。みんなとワイワイ食べるより、一蘭スタイルで食べるのを心地よく感じる人も多いですよね。

心理学では「孤食」という言葉があるんですが、**みんなで食べるとストレスがかかるから、帰宅して一人で食べて（＝孤食をして）ストレスを和らげるという人がけっこういる**そうです。そのせいで、体重が増えてしまったりするようですが。

荒川　みんなで食べると会話が面倒とか、そういうことですか？

中野　そうですね。場合によりますが、マウンティングされたり、女性ならそれこそ「普段は自炊しないの？」のような心理的圧力のかかる会話をされたりすることが多いわけです。そういう**煩わしさによってダメージを受けた心を癒やすために食べる――それが「孤食」**。

　一定数の人がストレスを癒やすために「食べる」という手段を使っている、という話なんですね。みんなと一緒に食べることがどれほどストレスになるかは、人によってグラデーションがありますが、ストレスになるタイプの人にとっては孤食が「癒やしの行為」として機能しているわけです。

荒川　それは、万国共通なんでしょうか？

中野　万国共通かどうかは、みんなで一緒に食べることがストレスになる人がどれだけいるかによると思うんですね。日本はハイコンテクスト（コミュニケーションに際して共有されている体験や感覚、価値観などが多く、「以心伝心」で意思伝達が行われる傾向が強い文化）の社会で**コミュニケーションが複雑なので、よりストレスの度合いは高い**のかなと考えられます。ＨＳＰ（Highly Sensitive Person）という言葉も２０２０年に入ってから巷に知られるようになりましたね。過敏に人の言葉やふるまいに反応して、傷ついてしまいやすい人たちのことです。
となると、日本に顕著に見られる現象なのかもしれないし、ちょっとそのあたりはどれだけ世界でばらつきがあるのかをきちっと研究しないとわからないところですけどね。

荒川 アメリカ人は、ホームパーティーをよくやっている印象がありますよね。

中野 そう、アメリカ人はよくホームパーティーをするし、ヨーロッパ人もみんなでの食事をコミュニケーションのツールとして日常的に使う。私はフランスに留学していたんですが、私の見たフランス人たちはランチにたっぷり2時間かけていましたね。日本人も会食で親交を深めようとはしますけれど、コロナ禍をいいことに、不快になる相手との会食はここぞとばかりにキャンセルしているような……。

荒川 それと関連して、図13のグラフは、日米中韓の高校生の「ソロ飯」率（昼食・夕食）を比較した国際調査結果なんですけど。

中野 おお！　これは興味深いデータですね。

荒川 各国の高校生が一人で食事をとっている比率です。びっくりしたのは、アメリカも日本と変わらない、ということ。これ、高校生の調査ですよ。

アメリカの高校生でも、夕食を一人で食べている比率があまり日本と変わらない。むし

図13　日米中韓の高校生のソロ飯率

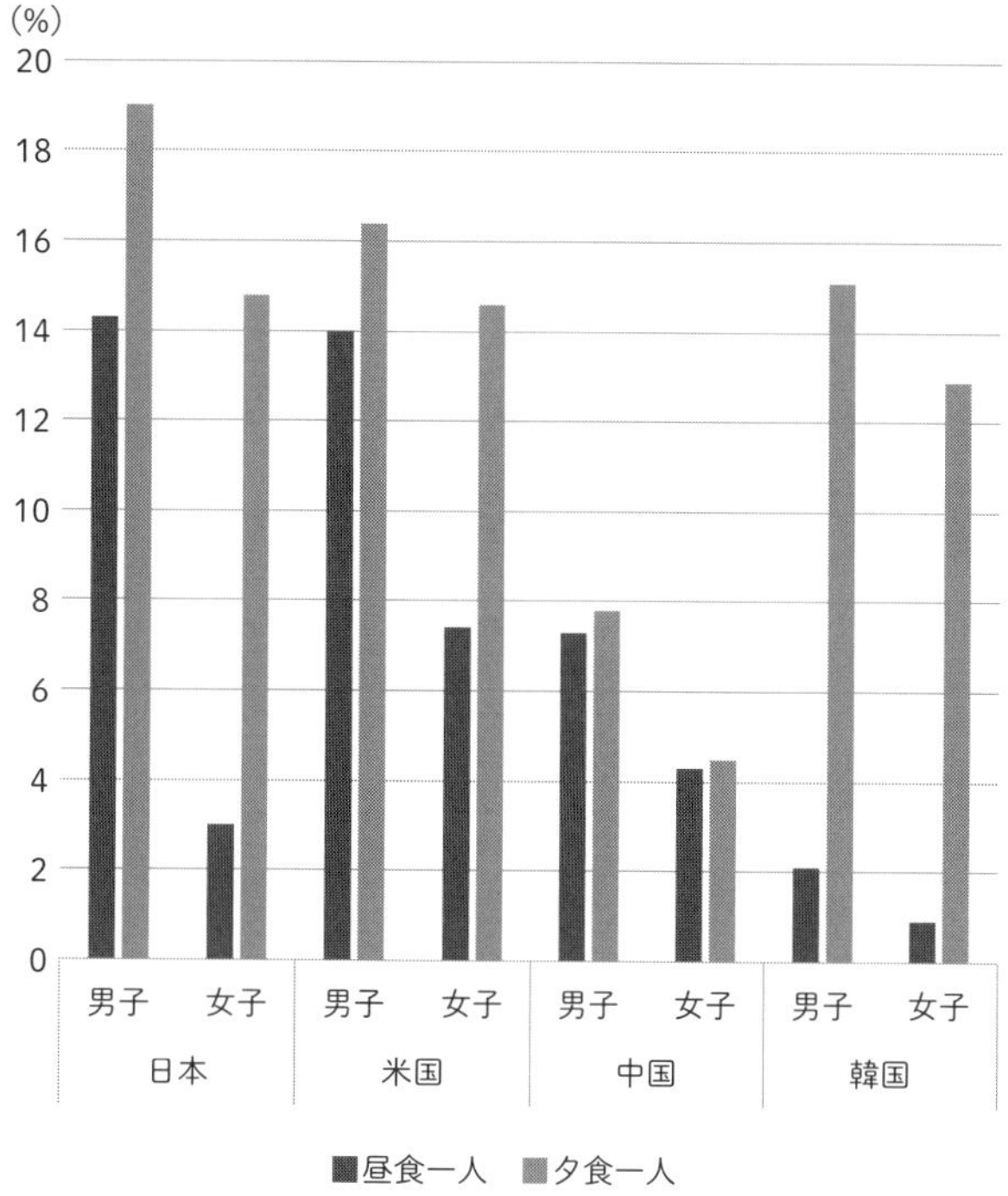

平成30年国立青少年教育振興機構「高校生の心と体の健康に関する意識調査─日本・米国・中国・韓国の比較─」より荒川和久作成。

ろ、ほかの人と一緒に食べているのは中国人だけ。特に夕食に関しては、「サザエさん飯」している（家族で食べている）のは中国人だけで、ほかの国については夕食を一人で食べている高校生がこんなに多いのか！という驚きがありました。特に、アメリカは意外でしたね。

中野　非常に面白いですね。やっぱり孤独は癒やしなのでは？　人類共通の現象に見えてきます。

「ひとり飯」はかわいそうなのか？

荒川　僕は2019年に、「日本人のソロ活」についてイギリス国営放送BBCの取材を受けたんです。それこそ「一蘭」の話が出ました。イギリスから見ると、日本人ならではのスタイルだと思うらしいです。

一蘭の「味集中カウンター」はラーメン道に近い、と。要するに、狭い茶室に入って、主人との間の中でお茶をもてなされて、真剣に味わって、「ありがとうございます」みたいな茶道のラーメン版。店員と顔を見合わせないですからね。

中野　見えるのは手だけ、ですもんね。

荒川　そう。いわゆる相手と自分の「勝負」という感じです。日本人は一人で食事をすることに真剣に向き合っているという話をしたんですね。

一蘭の話以外にも、ひとりカラオケの話や、一人じゃないと入れないおひとりさま限定バーの話もしました。みんな一人で来ているので、お互いに一人どうしで話してもいいんですが、誰かと一緒に来てはいけないというバーがあるんです。

そんな話をしたところ、**BBCは、日本人はソロで食事をとること自体を文化にしていると、「スーパーソロカルチャー」というタイトルで放映した**んです。

イギリスは「孤独担当大臣」というポストをつくって、「孤独は悪だ」という方向に持っていっているから、この特集は批判されるかなと思っていたんですよ。ところがいざ放映されたら、イギリス人から「私も日本に行きたい」とか、「俺もこんなふうに一人でごはんを食べたい」という反響があった。案外、イギリス人もみんなとごはんを食べているけど、本当は嫌な人もいるんじゃないかなと思いましたね。

中野　やっぱり、**人間関係が一番ストレス**ですよね。

荒川　そういうことを考えると、別に白黒つけるものではないですよね。みんなと食べたいときはそうすればいいし、一人で食べたいときは一人でいい。だけど、イギリスにはそういう環境がないわけです。

中野 なるほど。「一人はダメ」というプレッシャーがあるんですね。

荒川 数年前によくいわれた、日本の高校生・大学生の「便所メシ」と同じですよね。みんなで食べるのが当たり前なんだから、一人で食べたいんだったら便所行けよ、みたいないじめになってしまう。

中野 おそらく、イギリスでもみんなで食べるストレスを、帰宅後に孤食で癒やすという人はいるんでしょうね。

荒川 たぶん、そうです。日本でも「便所メシ」が話題になったのは、ほんの数年ぐらい前、わりと最近です。ですが今は別に、大学生が一人でランチしていても周りは何も言わないですよ。それが普通だし、と思いますから。

孤独には、「選択的孤独」と「排除による孤独」の2つがある

中野 実は、孤独にも2種類のものがありますね。「選択的孤独」と「排除による孤独」

です。

「選択的孤独」は非常に贅沢なもので、自分一人でアフォード（実行）できる経済力も必要。時間的余裕や一人で住む部屋を確保できるか、といった**経済的な基盤によった「贅沢としての孤独」です。これは、自ら選んでいるので非常に心地よいもの**ですね。個人の自由にできますから。

一方、**「排除による孤独」は、自分はここになじめないというもの。なじめないという孤独感は、大きなストレスになります**。これがあの「便所メシ」という言葉が流行った頃の、「おまえはなじめてないよね」「落伍者だよね」という孤独ですよね。

荒川　そのとおりです。

中野　イギリスの孤独担当大臣が注力しているのはそちら側ですよね。そこには、孤独には2種類あるという概念がそもそも存在しない。排除された孤独の人、つまり弾かれちゃった人をどう救おうか、という議論です。

荒川　そうそう。だから客観的に見て、「一人でいる人間は、みな寂しいのである」という決めつけがイギリスにはあると思うんです。「いやいや、私は全然寂しくないいんです」という人もいるのに、「一人という状態＝寂しい」とみなされてしまう。

これは、逆説的には非常に危険なことで、「みんなとワイワイ騒いでいる人は寂しくない」ということになってしまうんですよ。でも**一番の孤独とは、大勢に囲まれているのに、「なんか私、ものすごく孤独なんだけど」と感じること。**それが最悪の孤独なんですよね。そのほうがむしろ一番ヤバい。

だから、自殺する人には意外とそういう人も含まれていて、昨日まで友だちと一緒にいた人だって死んでしまったりするわけですよ。それは、**一緒にいるからこそ自分の孤独をより強烈に感じてしまう**、ということです。

中野　「隠れ孤独」ですね。

荒川　そうです。みんなとワイワイ騒いでいれば大丈夫とか、家族や友だちがいれば安心だとかいう表層的なことばかり見ていて、内面がわかっていない。

中野　確かに。二世帯住宅で家族と同居なのに、おばあちゃんが亡くなって1週間誰も気づかなかったという事件もありますよね。家族と一緒に住んでいても、そういう孤独がありうるわけです。**見かけは孤独じゃないけれど、コミュニケーションは断絶した状態なのだと言えます。**

友だちの数が可視化されて、孤独を増進するＳＮＳ

荒川　「ＳＮＳのグループでもつながっているし、飲み会に誘われたりもするんだけど、みんな本当に私のこと見ているのかな、わかっているのかな」という孤独感もあるでしょう。結局は、ＳＮＳのグループに記号として入っているだけにすぎない状態。個人として、「○○ちゃん、一緒に行かない？」とは言われないんですよ。

「○月○日、飲みに行かない？」という誘いはグループ全体に対してであって、それに対して、個々人が「行く」と返事していますが、それって**「個人対個人」の関係性が薄れてきて、どこかに所属している単なる群れの一部というだけのつき合い**なんじゃないかと思いますね。

中野　ちょっと孤独の定義が変わってきていますね。

荒川　そうなんです。いつもの群れでワイワイ笑い合っているなかで、ふと「私はこの人たちの何とつながっているんだろう。この人たちは私の何を知っているんだろう。私はこの子の何を知っているんだろう」と気づかされてしまうこともある。

中野　そこには意思が介在していないですよね。「そういう状態に置かれるぐらいだったら、選択的に一人でいます」というほうがよほどリッチな（豊かな）時間であって、「望むときにほかの人とのコミュニケーションを自分で取ります」という意思を持てるほうが本質的には孤独じゃないのかもしれませんね。

見かけ上、みんなと一緒にいても、自分の意思でコミュニケーションを取れない状態に置かれている場合は、パッシブに（受動的に）孤独なのかもしれない。

荒川　「じゃあ、友だちと一緒にいるのにそういう孤独を感じている人はどうすればいいんですか？」とよく言われるんですけど、結局、**「周りに友だちを置けばそれで解決する」というその考え方自体を疑うべきで、周りに誰もいなかろうが友だちがいっぱいいようが、そこは関係ないと思うことが必要**です。

中野　確かに。そこは比較できないですからね。

荒川　そうそう。結局、解決方法としては、友だちの数を増やせばいいのかなとか、友だちともっと密に交流をすればいいのかなということにしかならないわけですよ。でも、それをやり続ければやり続けるほど、たぶんもっと孤独を感じるだろうと思います。

中野　すごく面白い。ＳＮＳで友だちの数が「見える化」されていますよね。Facebookの友だちとかTwitterのフォロワーの数という尺度で。ＳＮＳによって友だちの数が可視化されて、「その数が多い人が勝ち」みたいな現象ができたんですが、あれは単なるSNS上のライクの数だったりするわけで、本当の密な満足感のあるコミュニケーションとは違いますよね。

でも、**「友だちが多い人が勝ち」となると、孤独でいる人がよりさげすまれる。**「あいつ、フォロワーが○○人しかいない」とか言われてしまうわけです。ところが、関係性の質的な部分を評価する軸がないんですよ。質に関しては比較がしづらいですから。

友だちの数は比較できても、本質的な部分をジャッジできる軸があればいいんですが、それがない。ないと何が困るかというと、人と比較するときに困るのではなくて、**自分の生活・人生が本当に充実しているかどうかを自分で決められない人がすごく寂しくなってしまう**んですよね。

荒川　まさに、そうです。自分の生活・人生が充実しているかどうかを自分で決めることができなくて、友だちの数だったり、遊びに行く回数だったり、「ウェーイ！」とやっている写真の枚数だったりという、**客観的なアウトプットでしか自分を認められなくなっているること自体が一番の問題**だということに、気づかないといけないんですよ。

ただ、**みんなの中にいて孤独を感じる人は、たぶん一人でいても孤独を感じる**んでしょうね。「結局、私は一人じゃダメなんだ。じゃあ、みんなのところに戻ろう。そして戻ったら、やっぱり孤独だ」と。

それなら一生、孤独ですよ。どこにいたって、孤独になってしまうんです。

夫婦仲をSNSでアピールする夫婦は離婚寸前？

中野　本当にそう思います。では、結婚していれば「リア充」なのかというと、そんなことはないわけですよね。3分の1は離婚するんですから、どんなに幸せそうにしていたって、芸能人のように不倫がバレて泥沼離婚したりするわけじゃないですか。外からは絶対にわからないですが。
離婚問題に強い弁護士の話を聞くと、**「夫婦仲がいいです」とSNSでアピールする人ほど危ない**そうです。アピールしなきゃいけないほど夫婦仲が壊れているのに、何とか自分に言い聞かせて、「仲良しです」とやろうとしている努力の表れだから、オシドリ夫婦というイメージを発信する人は信じない、と言っていました。
荒川　芸能人って因果な商売ですよね。

中野　プライベートな関係もビジネス的に使うことを事実上、求められる仕事ですからね。芸能人どうしで夫婦になった人は、仲良くやれば夫婦で洗剤のコマーシャルに出られるかもしれないみたいな計算があるでしょう。でも、それって結局、「夫婦というお仕事」ですよね。

荒川　そうそう、けっこうビジネスが多い（笑）。ある意味、芸能人はかわいそうだなとは思います。簡単には離婚できないんですよ、契約があるから。

中野　たとえばＣＭ契約があったりすると、なかなか別れられないんでしょうね。

ＤＶされても離れられない――「認知的不協和」の罠

中野　芸能人の事情はあるにしても、普通の人でも「リア充」とか夫婦仲の良さとかをアピールしますよね。「結婚記念日でした」とか、「夫がこんな花束を買ってきてくれました」とか。

本当は、前日にひどいＤＶにあっていて、それで「ごめんね」みたいなおためごかしで花束を買ってきたのかもしれないのに、その花束の部分だけＳＮＳにアップしたりするわけですよね。それを見て、みんな「ああ、仲いいのね」と思うけれど、内情は悲惨ということはよくあります。

荒川　そういうDVとか不幸があったにもかかわらず、本人は幸福そうなイメージを外側にアピールするというのは、何かあるんですかね。

中野　保証したいんですね。「自分はみじめな人間ではないわ」とか、「私は確かに殴られたけれど、彼の愛情の印として私にしかこういうことはしないんだわ」とか、そういうふうに思い込もうとするんですよ。

これは、その女性の中で、**「認知的不協和」が起きている**わけです。「こんなにひどいことをされている」のに「一緒にいる」のは矛盾している。その矛盾を解消するのに、「一緒にいる」のほうを変えずに、「こんなにひどいことをされている」のほうを変えてしまうんです。「こんなにひどいことをされている『ように見えても、それは彼の愛情の印なんだ』」と。

それで、「自分しか彼を受け止めてあげられない」とか、「ここまで彼に尽くしてきたんだから、私はあの人のことをすごく好きにちがいない」とか、どんどん自縄自縛の心理が働いて、もう泥沼にはまり込んだようになっていく。

荒川　そういう状態のことを「認知的不協和」というんですか？

中野　そうです。そもそも、事実と認知が違う状態のことを「不協和」といいますね。**事実と認知が違う状態は非常に不快なので、私たちはどちらかに合わせたい、一致させたいと思うんです。**でも、**事実のほうは絶対に変えられないので、どちらを変えるかというと、認知のほうを変えるわけです。**

私は彼にひどい目にあわされている。でも、彼と結婚しているという事実はなかなか変えられない。離婚するという選択肢もありますが、経済的な理由や子どもがいるからという理由で思いもよらなかったりするわけですよね。そんなわけで、事実は変えられない。でも、自分がいったんは選んだ人である、と。

一方、認知としては「DVを受けていてつらいし、本当はもっと愛されたいのに、こんな目にあってもう嫌だ」と。「彼が嫌いだ」という認知があるわけです。

そこで、**事実と認知、どちらを変えたら一致するかというと、「私は彼を好きなんだ」と、認知を変更して事実のほうに合わせてしまう。**「彼にひどい目にあわされるのが嫌だ」を「結婚している」という事実のほうに合わせてしまうんです。自分のなけなしの貯金も、彼のために使っちゃったし、とか。

こんなふうに認知のほうを変えて、彼のことをすごく愛していて好きだというふうに自分に思い込ませようとする、という心理的な処理を重ねていくんです。こうなると周りがどれほどアドバイスしても、なかなか客観的にはもうなれない。

これは、女性に限らず、男性側が女性を好きになるときもそうです。キャバクラで働いたことがないので詳細はよくわからないですが、キャバ嬢は男性にたくさんお金を使わせておいて、セックスできそうでできないみたいな雰囲気を演出すると思うんですが、まずはこれだけお金を使っちゃったという事実をつくらせる。

事実をつくってしまうと、何とも思っていなかったはずなのに、事実にその人の気持ちが合ってくることがあります。そこを狙ってキャバ嬢は男性にお金を使わせるというわけです。**自分を好きにさせるために相手に何かさせる――コミットメントを深くする、ということをやるのが認知的不協和の本質**です。

荒川　DVされているのに別れられない人って、本当に多いですよね。

中野　驚くほど多いですよね。

荒川　2019年に起きた事件で、夫が子どもを虐待しているのに助けなかったお母さんもそうですよね。

中野　もう手を出せないんですよね。

荒川　むしろ、虐待する夫に味方している。裁判で言っていましたが、「私が被害をこうむらないように」という理由で。

中野　「子どもの味方をすると自分が攻撃されるから味方できない」というふうに言っていたと思いますが、本当にそうなってしまうんですね。

荒川　そうなってくると、もう何なんですかね。

中野　**個人の意思なんて、共同体の意思に比べたらけっこう弱い**ということを、残念ながら示しているケースのように思えます。**誰かとのつながりのほうが、個人の意思よりも上にくることが多い。**

だからこそ、結局は誰かと一緒にいることがストレスになるんだと思います。人間関係の中にはその不都合があるので、**世の中が整ってくると、一人を志向しはじめるというのはきわめて自然なことなのではないでしょうか。**

「コミュ障」でも、コミュニケーションスキルは学習可能

中野　しかしながら、**人間関係の中でこそ生じる「癒やし」の物質もある**わけです。オキ

シトシン、俗に「愛情ホルモン」といわれる物質ですね。

動物（ラット）を使った実験では、オキシトシンを投与した個体と、そうでない生理的食塩水をコントロールして投与した個体では、傷の治り方が違うということがわかりました。オキシトシンを投与したほうが傷の治りが早い、という研究があるんですよ。ただ、人間で効果があるかどうかは、人間に傷をつけるわけにはいかないので、さらなる研究の蓄積が必要なところです。

でも、おそらく人間においても、体組織が成長するための役割は果たしているようなので、**オキシトシンは体を修復したり、精神を安定させたりする効果があるということは概ね正しいと考えられています。**オキシトシンがよく分泌される人は、長期的に見て体重増加の傾向を示すんですよね。いわゆる「幸せ太り」です。

一方で、オキシトシンは**認知に働けば、絆を形成するホルモンですから、孤独がつらいという人、人とうまく関係性を築けないという人は、このオキシトシンを意識するといいでしょう。**

オキシトシンは人とふれ合うことで分泌されるんですが、（選択的孤独でない）孤独に悩む人って、単にコミュニケーションをうまく取るスキルがないだけなんだと思うんです。

コミュニケーションを取って満たされるのは、承認してもらえたとか、共感してもらえたという感覚ですよね。その満足感がないと寂しいと感じる。

それなら、**寂しさを埋めるには、少なくとも共感や承認を得られればそれでいい**わけでしょう。本当は、自分で自分を承認できればいいのですが。

荒川　それはなかなか難しいですよね。

中野　他者から承認してもらえるだけのコミュニケーションスキルというのは、後天的に身につけられるので、地道に学んで、トレーニングすればいいんですよ。別に、性格が悪いから他者とうまくいかないとか、もともと不安傾向が強いから友だちができないということは、理由の分析としてはあまりスマートでない。単に慣れていないだけでしょう。

ですから、いくらでも学習のしようがあるので、まったく悲観的になる要素はないんですよ。時間はかかるかもしれないけれど、**コミュニケーションスキルは確実に後から身につけられる**。だから、孤独だなと寂しがっているヒマがあったら、前向きに一歩でも進むといいのでは？　と伝えたいですね。

荒川　後天的にそれを身につけるにはどうすればいいでしょう？

中野　**できる人のやり方を学ぶだけです**。とてもシンプルです。時間はかかるけれど、別に、「時速160キロで野球のボールを投げてください」という無茶な要求ではありません。

コミュニケーションですから、バウンドしても相手がキャッチできればそれでいいじゃないですか。

荒川　僕はキャラクター型のAIスピーカーなどが普及すると、普段コミュニケーションが得意でないと感じている人でもベラベラしゃべれるような気がするんですけどね。

中野　なるほど、Pepperの発展版みたいなものですね。

ペットを飼うと、コミュニケーションスキルがUPする

荒川　そうですね。温もりをさらに感じられるものになるといいですね。ペットを飼っていると、意外にみんなそのペットとしゃべっていますよね。ペットとしゃべっているとまさにオキシトシンが多く分泌されて、けっこう変わります。寂しいと悶々とするくらいなら、むしろペットを飼ったほうがいいんじゃないかな。

中野　そう思います。ペットを飼いはじめると子どもが生まれやすくなるという都市伝説

みたいな話もありますね。あれは本当に、オキシトシンの量が増えると着床率が上がると言っている現場の先生方もいますけどね。

荒川　そんなデータがあるんですか？

中野　養子を迎えた途端に妊娠したという話もよく聞きますが、統計的な調査はないようです。

荒川　オキシトシンは、人やペットとふれ合ったりすると分泌される「絆のホルモン」なんですよね。

ただ、そういうふれ合いが全然ない人がいるんですよ。心と心の接触みたいなのが、本当にずっとない人。もっと言えば、**性体験がないだけではなく、ハグとか手をつなぐとか、そういう誰かとの身体的な接触経験が一回もない人がいる**んです。

そういう人は、やっぱりその部分が満たされないというか、訓練されないので、接触を増やしたほうがいい。それがペットで解消するんだったら、飼ったほうがいいですよね。

中野　脳が発達しなければいけない子ども時代に、オキシトシンがよく出ている群とそうでない群では、脳の発達度合いが異なるのではないかという話もあります。

オキシトシンは、愛情ホルモンとか絆のホルモンというふうに、認知的なものだと思われているけれど、肉体や脳の成長にも大きな影響があるわけです。

荒川　そもそも、愛情って何だろう、という疑問もありますよね。

中野　生物学的には、もう身体的な接触ですね。オキシトシンを出させる仕掛けですよね。私たちはふわっと「愛情」と言っていますが、**仲間と一緒にいることを促進させるための仕掛け**です。

荒川　そういうふうに因数分解していくんですね。

1000年後には、愛の形が変わっている⁉

中野　因数分解というのは面白い表現ですね。確かにそんな感じです。**「愛（愛情）」とは、別に道徳とか宗教的な話ではなくて、人間の生存に必須の要素だと**いうことがわかると思うんですよ。脆弱な体だから集団でいさせようとか、子どもが大人になるまでにハンディキャップがあるので、協力して育てるように仕掛けておこうとか。

そういうものであって、別に**「愛（愛情）」が至上命題ではなく、単に生存戦略の一環**でした、という話です。その形が、社会が進んでくるとどう変わるのかなと。

荒川　そうそう。まだこれから変わると思うんですよね。

中野　私もそう思います。500年、1000年ぐらい経つとだいぶ様相が変わってくると思うんですけど、それを見たいですね。さらにインフラが整ってくると、集団でいる必要がもうなくなるので、そのときに私たちは愛をどうするのか。

荒川　おそらく、愛を買うんじゃないですか？

中野　愛って趣味になりますよね。

荒川　**愛を買うようになる**んですよ。先ほどのマルクス・ガブリエルという哲学者の話では、「結婚は消費の一つ」だと言うんです。さらに進めば、愛を消費するようになる。

中野　そうなると思います。贅沢品になりますよね。

荒川　金のない人は、安い愛しか買えない。

中野　愛の格差が生まれますね。

荒川　「今日は愛が30％オフです」とか。本当にそうなってくるような気がします。結局、今の消費だって、精神的充足のためにモノを買っているわけです。消費によって充足を得ているのなら、モノを通して充足を買っているわけじゃないですか。だから、「愛を買う」ということもありえますね。

中野　十分ありえます。「愛のサービス」みたいな。「愛、30分2000円でーす、タイムセールでーす」という（笑）。

荒川　それが宗教や詐欺のようなものでなく、本当にお金を出したら愛は買えるものなんだ、という割り切り方ができてくると、むしろ、**愛はあまり価値がなくなって、お金で買えるものになる**でしょう。すると、その先のものができてくるのかもしれないですね。

中野　その革命に立ち会いたい。それ、ものすごく面白いですよ！　恋愛という価値も、大昔からあるようですが、平安時代は貴族のお遊びだったわけでしょう。

そもそも、恋愛という言葉ができたのも明治時代ですよね。太宰治とかが高等遊民的な遊びとして恋愛を楽しんだわけです。今、私たちは、当たり前のものとして大衆化された恋愛を楽しんでいるけど、昔はそうじゃないですよね。

１００年ごときでそれぐらい変わるわけだから、だいぶ違う未来があるのかなと思います。

結婚後5年以内に愛が冷める理由

中野　私は、一人で過ごす時間がないと生きていけないタイプなんですが、幸いなことに夫は今、大阪で仕事をしているので「週末婚」のような生活を送っているんです。
でも、そのほうがお互いの閉塞感がなくなって非常にいいと思っています。ずっと一緒にいるとなると、息が詰まってくるんですよね。お風呂の入り方ひとつとっても違いますし、お互いに言いたいことがたまってくる。
コミュニケーションって、子どもの頃からうまくできるわけじゃないから不完全なまま大人になりますよね。お互いに適切に伝えられずに、「なんでこういうことするんだ！」とか言っている間に人格攻撃になっていって、相手をすごく嫌いになってしまう人が世の中には多いというふうに思うんですね。
荒川　なぜでしょうね。昔は好きだったはずなのに、全部が嫌いになってしまうのは。
中野　これは、けっこう簡単に説明がつくんです。身もふたもない言い方をするのであまり多くの人には受け入れられないかもしれませんが、**そもそも恋愛としての「好きになる」というのは理性を麻痺《まひ》させる仕掛け**なんです。
ロマンティックでも何でもなくなってしまうんですけど、特に女性にとって結婚・出産は大きな負荷になります。なかでも出産は、命を失うかもしれない危機的な状態なので、理性的に考えたら、そんな選択は絶対にしたくないわけですよね。
男性は出産ほどの危機的状況はないですが、それでも子育てにコミットするという負荷が待っています。男女ともに**この負荷を忘れさせるような仕組みがないと種が残らないので、理性に恋愛という麻酔をかける必要があるんですよ**。その麻酔が効いているうちはいいんですが、やがて切れます。

荒川　正気に返るわけですね。

中野　そう。お互いに理性的な状態に戻ったときに、この人はやっぱり素敵だなと思えなければ、「やっぱり気の迷いだった」となるわけです。

荒川　そうでしょうね。**離婚が一番多いのは、結婚後5年未満**ですからね。だから、その麻酔はせいぜい5年ぐらいしか持たないんですよ。

中野　そうですね。この理性の麻酔は早ければ数か月で切れます。長くても4年とか言われていますね。

荒川　**麻酔が切れたあとも夫婦として継続するのは、子どもが生まれて、愛情が子どもに移行するから**ですよね。

中野　おっしゃるとおりですね。夫婦というよりも、「共同経営者」みたいになるんですよ。

荒川　そうそう。子どもの世話は大変だけど、でもすごく愛おしい。だから一生懸命に世話をして、また何年か後には二人目が生まれて……それが継続的な麻酔みたいなものですよね。

中野　そうですね。

荒川　その麻酔が切れて、ある日突然、「なんか、加齢臭のおっさんが家にいる！」とか思うわけですね（笑）。

中野（笑）。ふと我に返るわけですね。いろいろな人に話を聞くと、本当にそうなんですよね。**第二子が小学校高学年ぐらいになると、不倫しはじめる人が多い**と聞きます。ちなみに、不倫しはじめるような時期、結婚してからの年数って統計は出ていますか？

荒川　それはないですね。

中野　ないですか……。調べられないんですかね。

荒川　浮気率は調べました（図14）。既婚者は男も女もだいたい3割程度です。それほど多くはないですね。

中野　言わない（バレない）だけかもしれませんよ。離婚したときのリスクが女性のほうが高いですから。

荒川　それはあるかもしれませんね。男はすぐバレそうです（笑）。ただ、未婚者の全体で見ると浮気率が低いように見えますが、現在、恋人がいる人だけに限定すると既婚者同様、男女とも3割になります。この「3割の法則」については後ほど議題にしましょう。

男性の離婚と自殺には高い相関関係がある

荒川　恋愛の麻酔が切れたころ、つまり結婚後5年以内の離婚が最も多いという話をしましたが、95ページの図15は「離婚した男は自殺する」という相関を表しています。

よく、自殺率は失業率と相関があるといわれますね。このグラフは、離婚率と自殺率の相関を取ったんですよ。女性はまったく相関関係がないんですが、男はものすごく相関関係があるんです。「0・92」って、ほぼ1に近いです。

中野　これは……0・92って、めったに見ないような高い数字ですね。

荒川　「男は離婚すると、ほぼ間違いなく自殺します」……とまでは言えませんが。それは相関と因果をごちゃ混ぜにしてしまうので。

図14　男女未既婚別に見た浮気率

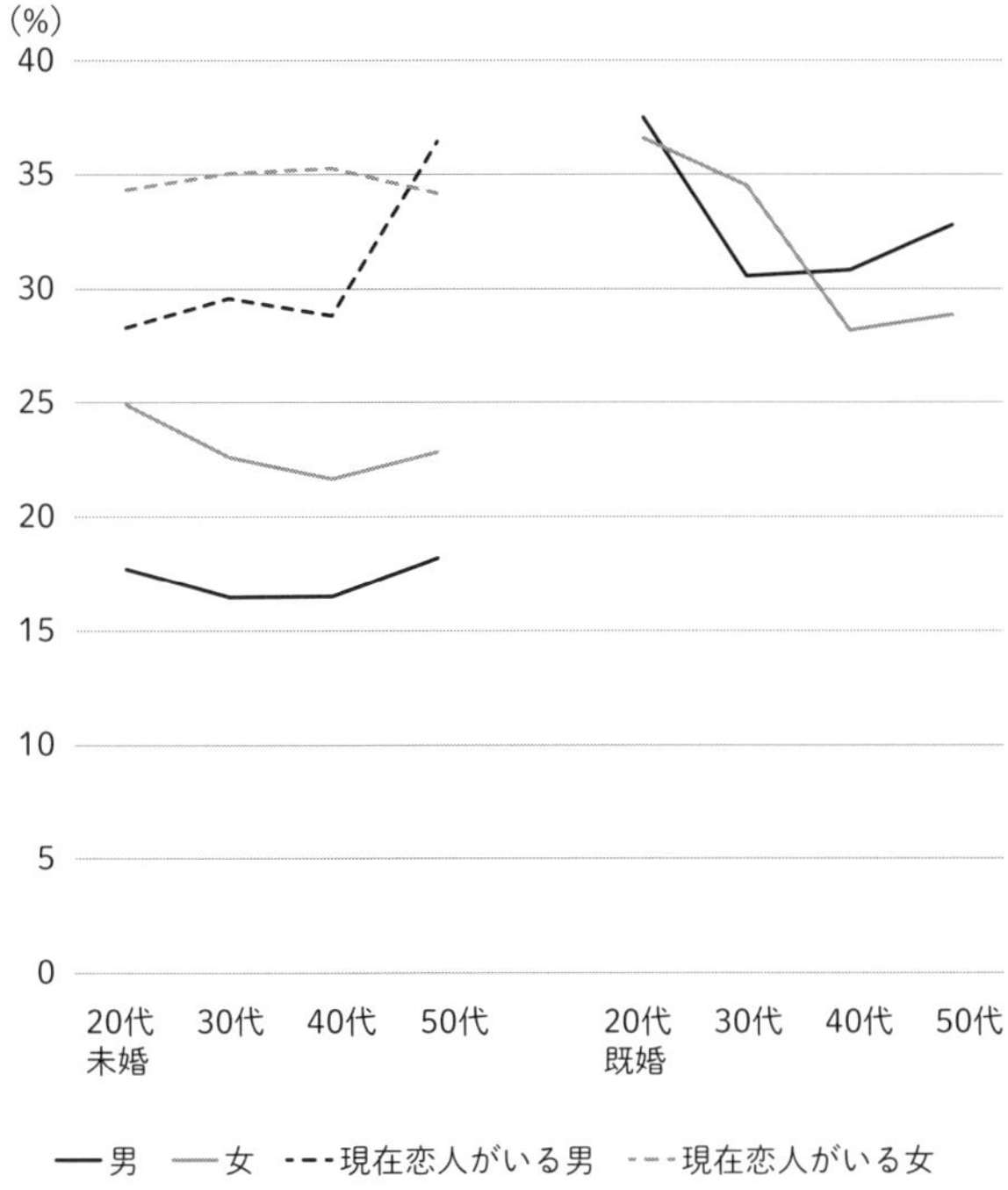

2020年 荒川和久調査（一都三県20-50代未既婚男女　N15,644）より
「今まで浮気したことがある」と回答した割合。

ただ、**男性の離婚と自殺は相関関係が非常に高い**ということですよ。これは、平成になってからのデータを抽出したものです。平成は自殺者が多かったですよね。

中野　確かに多かったですね。

荒川　この調査結果からは、**「男性は離婚に耐性がない」**ということが読み取れます。奥さんにどれだけ依存しているんだよ、という……。

中野　ショッキングなデータです。**逆に、女性は離婚率と自殺率に全然関係がない**というのが何とも印象的ですね。

図15　自殺率と離婚率の男女別相関

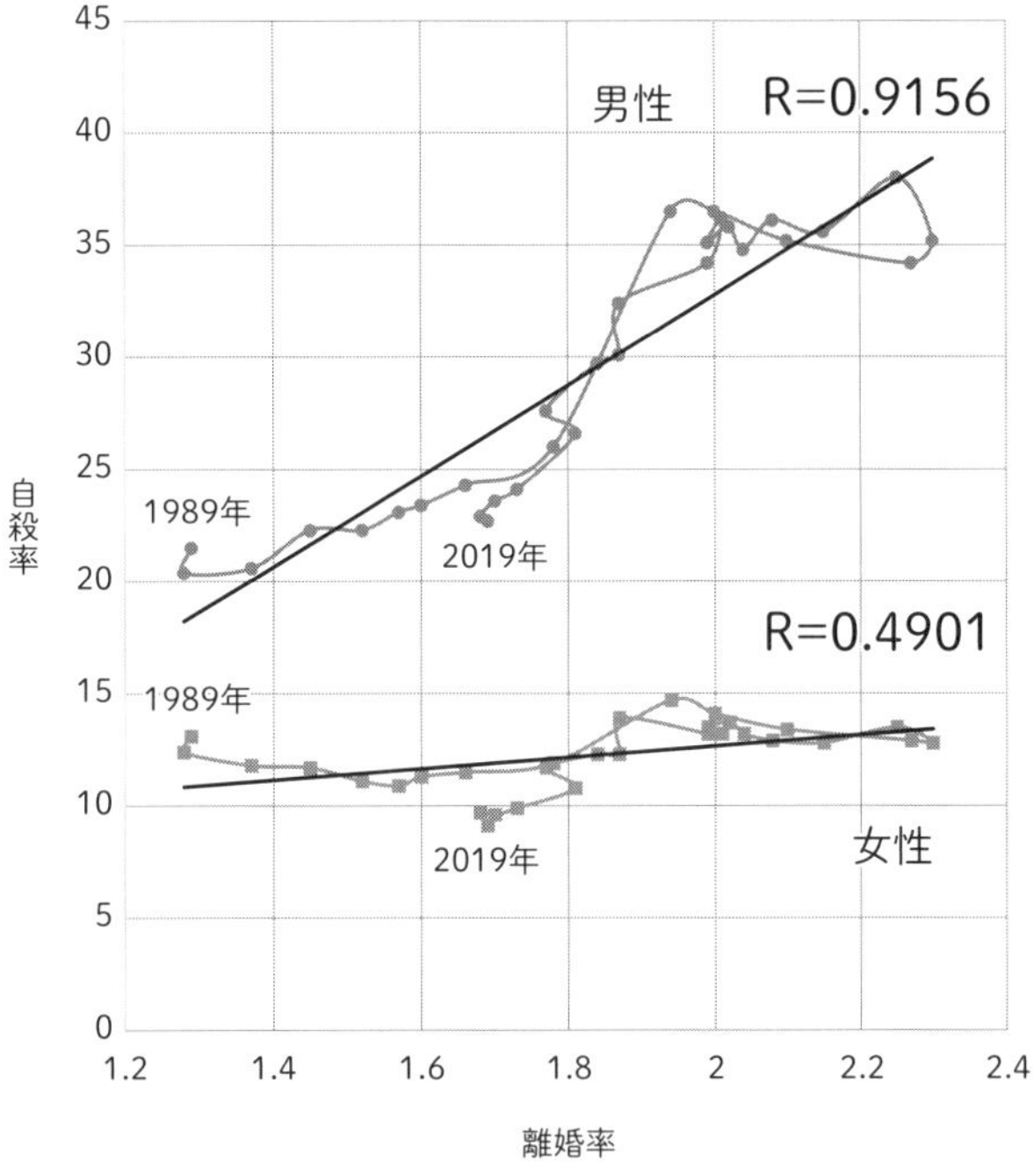

自殺率：2010年以前は警察庁の統計、2011年以降は厚労省の統計より（人口10万対）。離婚率：人口動態調査より（人口千対）。荒川和久作成。ともに1989年から2019年まで。

第3章
ソロの幸せ、既婚者の幸せ

この章では、個人の幸福度を大きく左右する「自己肯定感」の話題に移ります。そもそも、自己肯定感の軸とは何なのでしょうか？

また、所有価値や体験価値ではなく、精神的充足のためにお金と時間を使う新しい消費スタイル――「エモ消費」についても考えます。

ソロ女は、徹底的に「愛よりお金」

荒川　男女に違いがあるというのは、なんとなくみんなが納得しがちですが、意外に盲点なのは、ソロと既婚者は大きく違うということ。言い換えると、**ソロ男とソロ女に共通項がたくさんある**んですね。

一番わかりやすいのは、ソロ男とソロ女は既婚男女と比較すれば、圧倒的に一人が好きです。「誰かと一緒にいるとき」「一人でいるとき」のどちらが充実するかという質問に対して、既婚男女は前者5～6割、後者2割以下なのに対して、ソロ男女は真逆です。前者2割以下、後者5～6割です。**「一人が好きだからソロ」**なんです。

しかも、これは意外に思う方もいるかもしれませんが、ソロ男よりソロ女のほうが「一

図16　愛かお金か——結婚生活に求めるもの

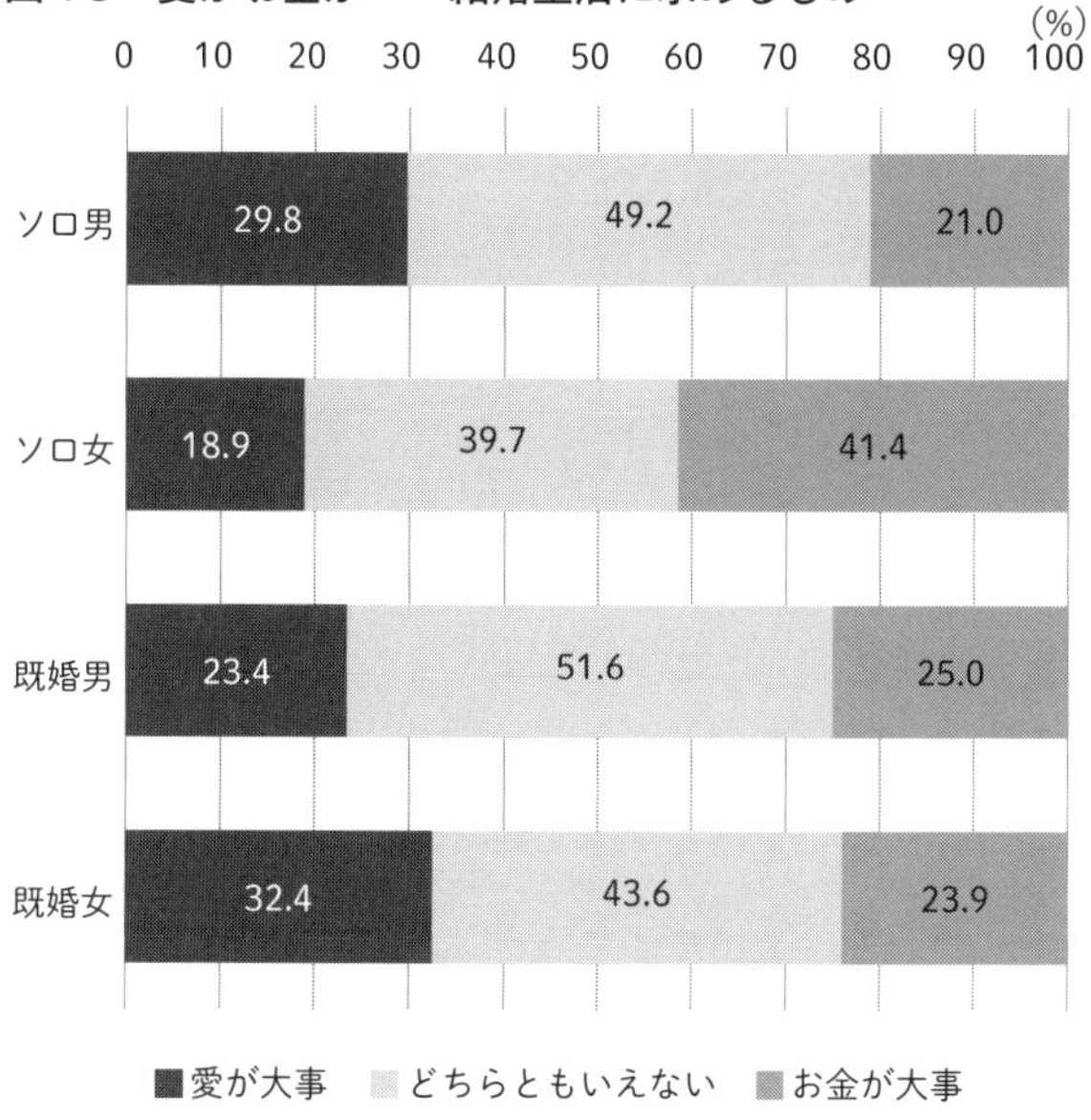

2018年 荒川和久調査（20-50代未既婚男女　N1,657）より。

人好き」率が高いんですね。そして、ソロ女は既婚者よりも圧倒的に「愛よりお金」派です（図16）。

中野　ああ、それもしっくりきます。

荒川　信じられるものは愛ではなく、お金なんです。これもまた、ソロ男より**ソロ女のほうが「愛よりお金」を選んでいます。**むしろソロ男のほうが、既婚者並みに3割も「愛」を信じていますが、ソロ女だけ徹底的に「愛よりお金」派なんですね。

中野　一般的にそうだと思います。私自身はどちらかというと、逆の選び方をしちゃったなと思っていますが（笑）。

これについては、性差があるといってもそんなに炎上したりしないと思いますが、男性が女性を選ぶときの選び方、女性が男性を選ぶときの選び方は、脳の活動を見ると明らかに違うんです。もちろん個人差はありますが、**女性を選ぶとき、男性の脳では「視覚関連領域」を使って、女性の容姿、なんなら尻と胸とくびれ、もちろん顔を見ます。**

一方、女性の脳はどこが活性化するかというと、視覚関連領域ではないんですよ。**男性を選ぶときに活性化するのは、「前帯状皮質」という前頭葉の一部ですね。そこは矛盾を検出するところなんです。**

その男性は、言動が一致しているか、嘘をつかないか、子育てをしてくれるか、というようなことを見る。子育てにコミットしてくれるだけの資産（リソース）を持っている男性かというところを見る……そのようなことを報告している研究グループがいます。

するとと、**女性側には「愛はお金」という考え方も生じやすくなる**でしょう。男性側にとっては、「愛は見た目」ということになるかもしれませんが。女性は、男性がリソースを自分と自分の子どもに割いてくれる人なのかと見極めようとしているわけだから、納得の結果です。

「いつかは結婚できるはず」――ソロ男はロマンティスト

荒川　そうですね。それを見極めたのが既婚の女性なんじゃないですか？

中野　既婚の女性はそうでしょうね。ソロの女性はまだそういう人に出会っていないわけですよね。その基準が高すぎて選べていないのか……。

荒川　むしろ、「もう男には頼らないです。私、一人で生きていけます」みたいなことですよね。

中野　そういうことなんでしょうか。「ソロ女」って、そういうことを決めている人のことですか？

荒川　決めているかどうかはわかりませんが、一応20代から50代までの独身女性を幅広く取っています。

中野　私と同世代以上で、婚活されていない方はそういうことなのかもしれないですね。

荒川　僕は、**ソロ男たちのほうが案外ロマンティックに愛とか信じているん**だな、と思いました。男のほうがロマンティックですよね。いつまでたっても、結婚できるはずと信じていて。

中野　そう思います。意外とガラスのハートだし、夢見がちですよね。胸がキュンキュンするようなことに弱いのは、いつも男性のほうのような……。

男性化する「ソロ女」

荒川　ほかの特徴としては、ソロのほうが理屈っぽい。それから、ソロの人たちは協調性がないんです。協調性があるのは、逆に既婚女性だけ。

面白いのは、ソロ男とソロ女と既婚男性が似ている。つまり、**いわゆる一般的に男性に多いといわれる特性にソロ女の特性が合致しているん**です。

中野　なるほど。そういうことなんですね。

荒川　そもそも、「一人で経済的に自立していかなければ」という考え方は、男らしさ規範なんですよね。

中野　なるほど、男性の「ステレオタイプ脅威」（詳しくは170ページ）が、ソロ女にかぶさっているかもしれないということですね。

荒川　だから、ソロ女は泣けないんです。ふだんあまり泣かない。

中野　「女はつらいよ」みたいな感じですね。

荒川　泣くと「女だから」と言われるのが嫌だ、とかありますよね。

中野　結婚していてもありますけどね。むしろ、結婚している男性でも泣く人はいますよね。

ソロの男女は、40代で「不幸度マックス」を迎えている

荒川　次に取り上げたいのは、**「ソロは不幸感が高い」**ということ。年代別に幸福度を既婚男女・ソロ男女で見たデータが図17なのですが、既婚男女ってこんなに幸福度が高いのかとびっくりしました。

①の棒グラフが幸福で、③の棒グラフが不幸を示しています。②はどちらでもないというところです。既婚男女のほぼ全年代で、半数以上が幸福を感じているという結果です。

中野　本当ですか？

荒川　ちなみに、これは主観ですよ。自分は幸福か不幸かというのを主観で5段階評価してくださいというアンケートです。

中野　既婚者の半数以上が幸せと答えるんですね。

荒川　この調査からは、**40代のソロの男女は、不幸度（感）が最大になる**ことがわかります。むしろ、20代は既婚者とあまり変わらないんです。年齢を重ねるごとに不幸度が上がる。5年くらい同じ調査を続けているのですが、傾向はほぼ同じです。

中野　元30代だった人が40代になっても変わらないんですね。

図17　ソロと既婚　年代別幸福度の違い

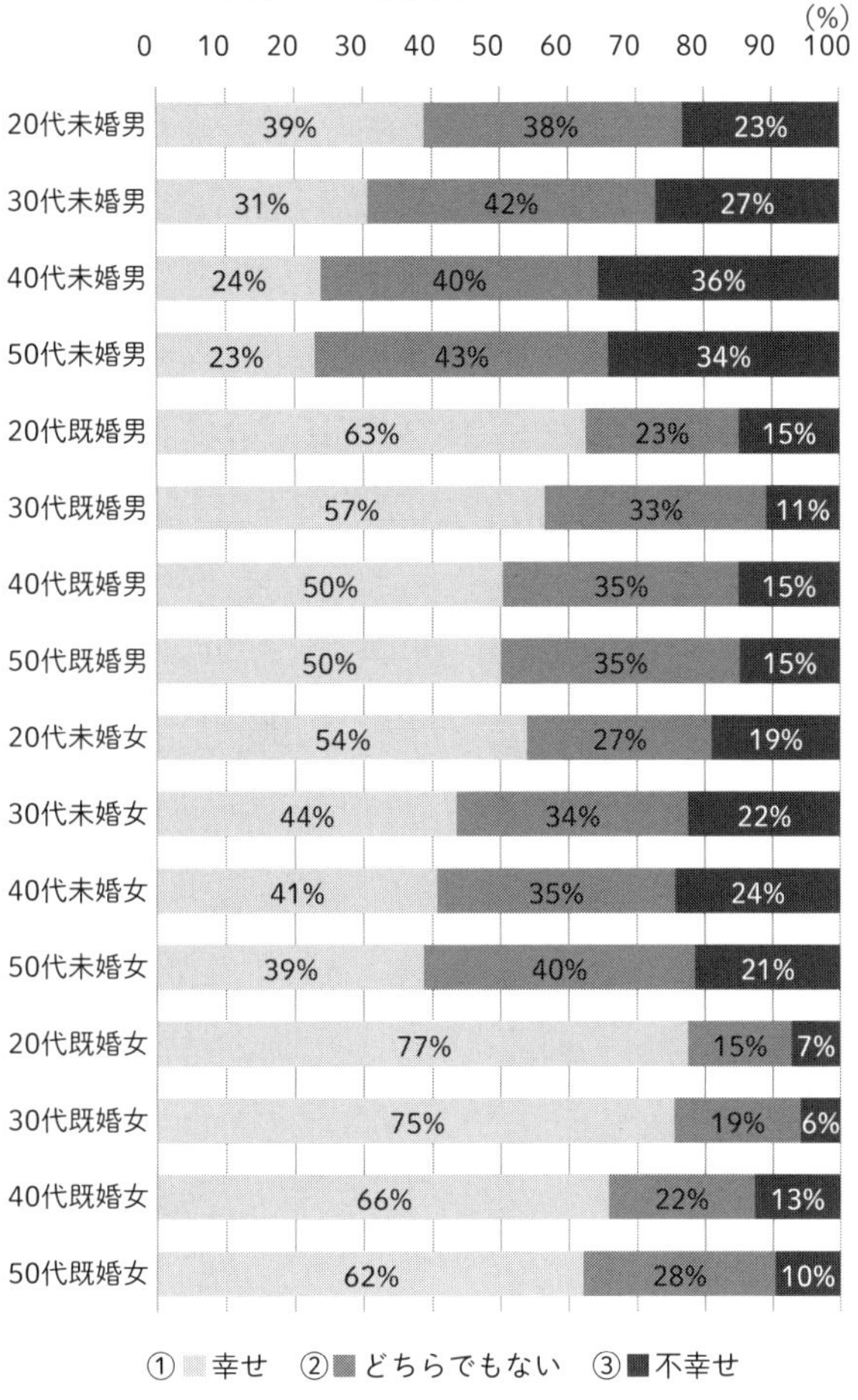

2020年 荒川和久調査（20-50代未既婚男女　N15,644）より。

荒川　はい。40代が不幸度マックスな感じは変わらないです。先日初めて60代も調べたところ、60代になると不幸度は下がります。40代がマックスで、年を取るとだんだん下がる。

中野　それもどこかで見た記憶があります。このようなカテゴリー分けはしていないけれども、「人生でどの世代が最も不幸度が高いか」というと46歳だと。私は来年やってきますが（笑）。それとリンクしている結果だと思います。

世界的に見ても、独身のほうが不幸？

荒川　そうですね。これはいろいろな調査の結果を見ても、だいたい40代、しかも独身の人が不幸度マックスになる。

中野　中年の危機の乗り越え方が変わってくるんでしょうか。

荒川　ちょうどその頃、体を壊すからじゃないですかね。

中野　それはありますね。また、**男女ともにホルモンバランスも変わってきます**。男性も男性ホルモンが出なくなるし、女性も女性ホルモンが出てこなくなる。

するると、今まで精神的に調整できていたものが生理的に変わってきてしまうので、認知がどう調整していいかわからなくなる。

荒川　世界価値観調査のようなものを国別で見ても、**ほぼどこの国も独身のほうが不幸な**んです。

中野　万国共通の現象なんですね。

荒川　その中でも、日本の独身の不幸度は特に高くて、最下位くらいです。

ソロ男は、「有能な自分」しか肯定できない

荒川　なぜ、ソロ男女の不幸度は高いのかをさらに深掘りするために、未既婚男女の自己肯定感と自己有能感の差分を比べてみました（図18）。

中野　これは……既婚とソロでずいぶんと違いますね。

荒川　面白いのは、**既婚の男性と女性は有能感がマイナス**なんですよ。「僕・私はたいして有能ではない」と思っているんですが、**逆に自己肯定感はものすごく高い**んですよ。

一方、ソロ男は、自己有能感はそこそこあるんですけれども、自己肯定感は有能感を超えないんです。つまり、**ソロ男は有能である自分しか肯定できない**んです。

中野　自分に対する「条件つき愛情」ですね。

荒川　既婚者は、そんなの関係ないんです。既婚とソロの幸福度の差は、こういう違いからくるのではないかと思います。

中野　非常に面白いですね。インパクトのあるデータです。

荒川　ソロは結局、有名大学出身とか、一流企業に在籍とか、年収何千万稼いでいる、とかでなければ、自分を肯定できないというロジックに入ってしまいます。

中野　そうですよね。条件つきの愛情って、その条件が消えれば、はかなく消え去る砂の城の上にいるようなものですから。

結婚で自分を変えようと思うか、誰といても自分は自分と思うか

荒川　「フォーカシング・イリュージョン」（思い込みから生じる幻想）といわれていますが、「結婚すれば幸せになれるはず」とか、「いい会社に入れば幸せになれるはず」と思ってしまうことと同じような感じがします。

中野　どちらなのかわからないんですが……。結婚すれば自己肯定感が強まるかというと、

図18　未既婚者別に見た自己肯定感・自己有能感調査

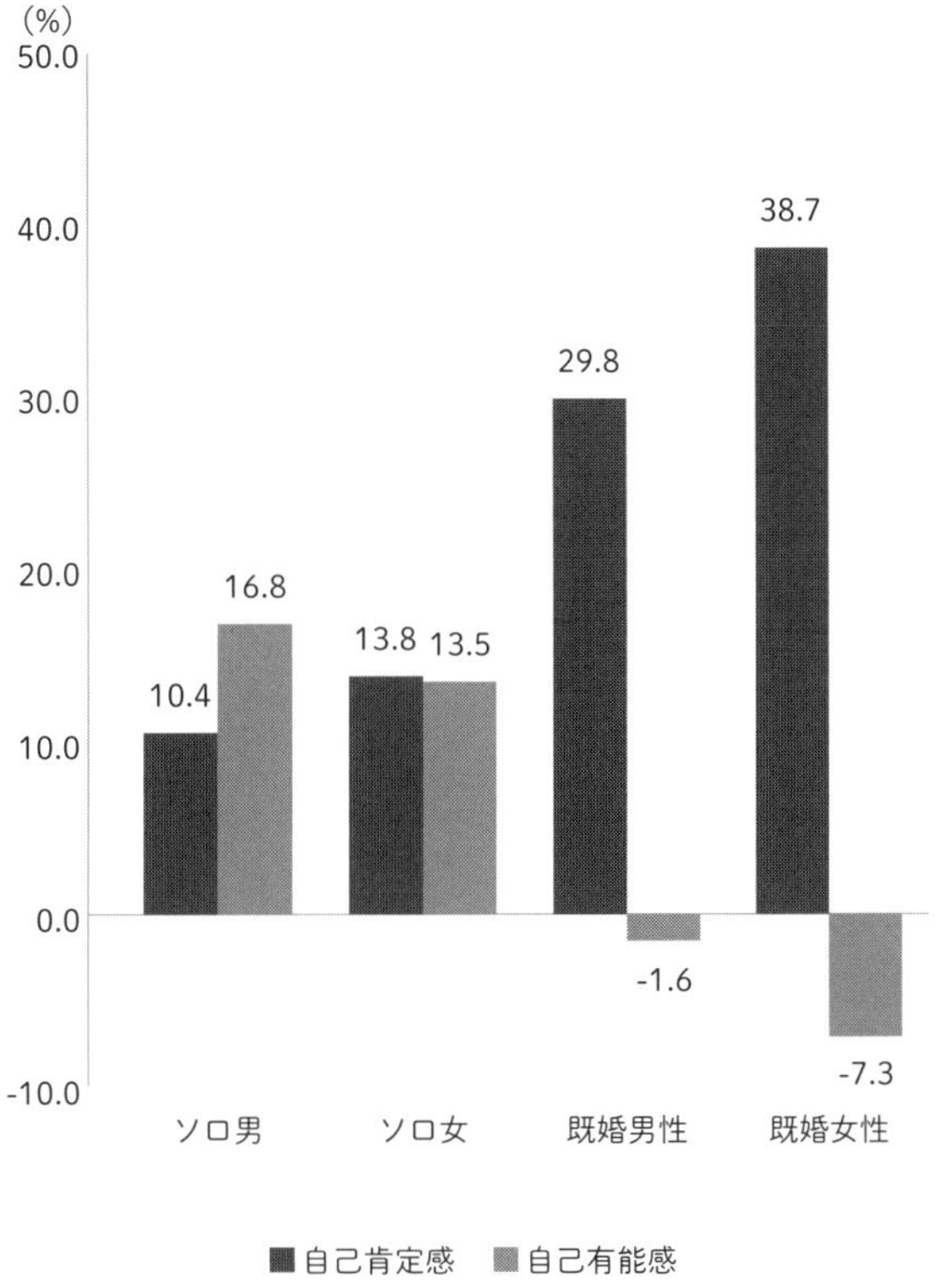

2016年一都三県20～50代未既婚男女（N520）より荒川和久作成。
自己肯定感、自己有能感ともに「ある」から「なし」の差分表示。マイナス表示は「ない」ほうが多いということ。

そうでもない気がします。**もともと自己肯定感が高い人が結婚しているかもしれないんですよね。**

荒川　わからないですよね。

中野　あくまでイメージなのですが、「この人と結婚すれば一発逆転が狙える」と思って婚活する女性も多いような気がするんです。ただ、それは蜃気楼を追いかけるようなものですよね。

　誰と結婚しようが自分は自分から逃げられないし、自分のまま。結婚によって自分を変えようとかではなくて、彼は頭がよくて機転が利くから好きだなとか、穏やかな性格の人と一緒に楽しい生活を送りたい、という人のほうが、より結婚しやすいんじゃないかという印象を持っています。

　要するに、**もともと自己肯定感が高くて、「誰と一緒にいようが自分は自分だ」と思える人だけが結婚している**んじゃないか、という仮説です。

「インスタ映え」でわかる自己肯定感の高さ

荒川　そうですよね。調査していて面白いのが、何回やっても同じ結果が出るんです。**自己肯定感って、まさに幸福度とニアリーイコール**じゃないですか。やはり、この自己肯定感を上げていかないと、いつまで経っても不幸は変わらないですよね。

この自己肯定感に関して、いわゆる「インスタ映え」から興味深い傾向が見出せます。**自己肯定感が高くて、「幸せ度マックス」の女の子のインスタグラム画像って画面のどこかに必ず自分を入れる**んですよ。

入れるのは、必ずしも自分の顔でなくてもいいんです。後ろ姿だろうが、手だろうが、それこそ影だろうが、とにかく写真の中に自分を入れている。**「いいね！」を押してもらいたいのは「自分」だから**なんですよ。

たとえば、人気店のアイスクリームを写真に撮るときも必ず自分の手を写す。主役はアイスじゃなくて、「このアイスを選んだ私」なんです。アイスはあくまで道具であって、これを選んだ私を「いいね！」してもらうことを求めているんです。

中野　「いいね！」を押してもらえるはずという、ある程度の自信があるから投稿しているということですよね。

荒川　一方、**自己肯定感のない男のインスタは、モノしか写っていない。**ラーメン二郎とか風景とか、工場とかバイクとか、桜とか富士山とか。

中野　私もそんな感じです……。

荒川　失礼しました（笑）。彼らは、自分自身の写真はあまり撮らないんです。

中野　私も考えたことないです。番組や書籍の宣伝など以外では、まず自分のことは撮りませんね。もっと載せようかな。

荒川　彼らはそもそも、スマホのタイムライン自体に自撮りがほとんどないんですね、なぜか――それがけっこう面白い。**自撮りの数で、自己肯定感を数量化できるのではないかと思っているんです。**

中野　いい尺度ですね。ユニークだし本質的だと思います。

容姿がよくても自己肯定感はUPしない

荒川　**自己肯定感が低い人は、自分のことが嫌い**なんですよ。自分の顔とか声とか動きとかを嫌っている。あと、SNSもやらないですよ。

中野　そうですね。**すごく美人でも、自己肯定感が低い人は、自分の写真を載せない**ですね。だから、容姿のよさはあまり関係ないんですね。

荒川　関係ないです。自分は容姿が悪いから自撮りを上げたくないという人も、周りにいる人にとっては、容姿の良し悪しとか関係なく、なじみの顔じゃないですか。周囲にとっては、何が悪いと思っているのかさっぱりわからないんですよ。あくまで、本人の尺度なんです。

そこで、自己肯定感の低い人に「インスタ女子が撮るような、浜辺でみんなと手を取り合ってジャンプしている写真」を撮りましょう、と言うんです。こういう写真をたくさん撮っていれば、自己肯定感が上がるんですよ。

中野　なるほど。

荒川　「自分を好きになりなさい」とか、自己啓発的な話をよく聞きますよね。でも、自己肯定感の低い人は、「自分を好きになんかなれない」と言うんです。まず、「自分の顔が嫌いだから自撮りできない」と。

この理屈でいうと、**単純接触効果を上げれば上げるほど見慣れるから、自分の顔を好きになるはず**なんです。でも、それをやれと言ってもやらないんですよ。

中野　自分の顔を見慣れて認知負荷を小さくする――「ファミリアリティー」の効果です

ね（これについては第5章で詳しく触れます）。なぜ言われてもやらないんでしょう。

荒川 やれないんですよね。素直に実践した人は自分の顔を見慣れるので、少なくとも自分が変な顔だとは思わなくなるし、これが自分の顔なんだと認識するようになる。でも、自分の顔が嫌いな人は自分の顔をそもそもよく見ていないから。

というのは、友だちの顔にしても、思っていたイメージと実物が違うことってよくありますよね。まじまじと見たらイケメンだったとか、よく見たらブサイクだったとか。

中野 「雰囲気美人」みたいな。

荒川 そうそう（笑）。それと一緒で、自己肯定感の低い人は、自分の顔もそれぐらいしか見ていないんですよ。自分の顔をまじまじと見て、「ああ、私はこういう顔なんだな」と思えばいいんです。でも、そう思いたくないんですよ。拒否するんですよね。

中野 確かに。認知のフィルターがかかって拒絶してしまうんですね。

誰でも自己肯定感がUPする究極のテクニックがある？

荒川 それで僕は、**「90日間自撮りチャレンジ」**というものを提唱しているんです。

中野　90日間、自撮りを続けるとは面白いですね。

荒川　やる子は素直にやりますよ。特に若い女性は。若い女性はものすごく律儀にやって、顔が変わります。

中野　私もやろうかな。

荒川　顔、変わりますよ、客観的に。

中野　客観的に変わる。それはメモしておこう。

荒川　なぜかというと、**90回撮っているうちにメイクの仕方や撮り方が大きく変わってくる**んですよ。どの角度で撮るのが一番かわいいのかなとか考えるようになるから。

初日はだいたい下から撮ります。それだとキレイに写らないので、だんだん自分がきれいに見える角度になってきます（笑）。

中野　確かに、メディアに出る人はみんなそうだよって、デザイン会社の人に言われたことがあります。「本当に？　有名人は整形してるんじゃないの？」と思っていましたが、「中野さん、最近きれいですね」と言われることがあって。確かに、自分でも撮られ方を無意識に工夫しているのね、と思います。

荒川　そうなんです。自撮りをしていない人は自撮りをするとき、絶対に下から撮るんですよ。そうすると、二重アゴになったりするんです。

中野　ちょっと下からの、一番ダメな顔が写りますもんね。

荒川　だいたい雑誌とかに出ているモデルとかは、絶対にスマホを上げるんですよ。

中野　しかも、斜めからでしょ。

荒川　男も自撮りをたまにやると、絶対に下から撮るので偉そうに写っちゃうんですよね。上から見下しているような感じになる。

中野　悪人顔になっちゃいますよね。

荒川　そうそう。「90日間自撮りチャレンジ」をやっていると、そういうことに途中で気づくんですよ。モデルの子はこんなにかわいいのに、どうして私はこんなにブサイクなんだろう、それは撮り方の問題だ、と気づくわけです。

中野　目線ですね。モデルの子だって、スタイルは確かにいいけれど、顔の造作でいうと、ちょっと個性的すぎるかな、という人もいますよね。ライターさん、スタイリストさんのほうが、顔のつくりはかわいかったりすることもけっこうあります。でも、自己評価はすごく違うんですよね。

荒川　あとは、**笑うということがどれだけ大事なのかが、チャレンジの途中でわかる。**結局、ブスッとしていたらかわいく見えないじゃないですか。無理にでも口角を上げたり、目で笑ったりすれば、イメージが全然変わってきます。

中野　確かに。「目は笑わないで、口だけ笑ってください」って、カメラマンさんにときどき言われるんです。目は笑うと小さく見えるから。でも、それを知らなかったら目も笑っちゃうでしょう。真正面から、目も笑って口も笑っている顔を撮ると、すごく顔が大きく見えるんですよ。

荒川　目が小さくなるから、顔が大きく見えるんですね。

中野　そうです。だからカメラマンさんは、「目は笑わずに口だけ笑ってください」と。それで、あごを引いて、目を大きく見せる。すると、ちょっと幼くかわいらしく写る、とか。そういうことをみんな知りませんよね。

荒川　知らないですね。芸能人がきれいになっていくのは、そういうテクニックを知るからですよね。

中野　もちろん、そうです。メイクのテクニックと同じで、どういう角度がいいのかがわかるようになるんですよね。たったそれだけの違いなんですけど、自分はダメだと思い込んでいると、それがフィルターになって残念な結果になってしまうんですね。

荒川　そうそう。本当に1日目と90日目とでは、はたから見て顔が変わります。

他者のためでなく、自分のために美しく変わる

中野　自撮りとは話が違いますが、**自分の顔を好きになれない人が美容整形手術を受ける**というケースも多いですね。整形手術を繰り返したヴァニラさんというタレントさんをご存じですか？

自分の元の顔がすごく嫌で、それは親から刷り込まれていたそうなんですが。今は本当にお人形みたいな顔なんですよ。人間よりも人形になりたいという願望が強くて、手術を繰り返した結果、今は非常に満足しているそうです。

荒川　今は満足していても、これからも整形を繰り返すんじゃないでしょうか。

中野　そうですね。ちょっとでも「劣化した」と思ったらすぐ美容外科に行くから、もっともっと、となりますよね。

それから、整形男子のアレン君という男性タレントも有名です。彼は恋愛ではなく、自分にしか興味がないと言います。

荒川　彼、もともとの顔は醜いわけでなく普通ですよね。

中野　彼は自分にお金をかけたくて、人との関係性はどうでもいいという印象です。**「自分消費」**というんでしょうか。

美容整形って、昔はモテたいとか他者からの評価を上げたいがためにやるものだと思われていたんですが、ヴァニラさんやアレン君のような人たちは、「自分のために自分を美しくしたい」という感じで、今はすごく変わってきているんじゃないかと思います。

荒川　整形していることも全然隠していないですもんね。

中野　隠していないですね。

荒川　マイケル・ジャクソンもそうですけど、一生やり続けるんじゃないかな。

中野　自分をカスタマイズするのが楽しくなるんでしょうね。アレン君は本当に自分が好きで、もっと高みへというストイックさすら感じます。美容整形に総額1億円かけているそうで、このような自分消費は非常に興味深いなと思います。

荒川　**顔をつくることで自分の精神的充足を得られるんだったら、それでいいですよね。**

中野　興味深い現象だなと思います。コミュニケーションのインターフェースをリニューアルするみたいな。

荒川　そうですね。変えた瞬間は自己肯定できるんだったらいいですよね。

中野　これまで埋まらなかった心の隙間が埋まっていく、ということなんでしょう。

「男性は恋愛」「女性は仕事」が自己肯定感の判断基準

荒川　自撮りや美容整形によって、自分を好きになって自己肯定感を上げるという話でした。

そもそも、自己肯定感が低い人は何を基準に自分はダメだと思っているのかを調べたいと思って、300問くらいのアンケートを取って、多変量解析してみました。アンケート調査では「主観で答えているから本当なのか？」という懸念があるので、共通項を出してみて、自己肯定感の低い人の相関の因子が高いものだけ選び出すと、けっこう興味深い結果になるんです。

男性の場合は、「恋愛に自信がない」とか、「容姿に自信がない」とか「異性に告白された経験がない」とかが出てきます。

一方、女性は「仕事の評価は能力主義がいい」とか、「負けず嫌いだ」とか「副業・兼

業したい」とか、こういう設問にイエスと答えた人ほど、自己肯定感が低いんですね。

要するに、自己肯定感の軸が、男は「恋愛軸」で、女は「仕事軸」。これ、面白くないですか？

中野　すごい！　非常に面白いです。

荒川　こんなふうに答える男性は、ほかの質問では「恋愛に興味はない」とか答えているんですよ。ところが解析すると、**実は恋愛や異性に対して自信がないから自己を肯定できないんです。**そう指摘すると、「そういうこと言うなよ！」とものすごく反発されますが。

中野　図星だからですね。

荒川　女性もそうです。「仕事は真面目にやっています」とか、「評価されています」とか答えておきながら、実は評価されていないことで自己を肯定できないんです。

中野　「もっと仕事をほめてよ」というわけですね。

荒川　「なんで、同期の男と給料とボーナスの差があるの？」みたいなことが原因だったりするんでしょう。

中野　きっと、「私のほうがもっとできるのに」と思っているんですよね……。

荒川　そういう欠落感・悩みって、ちょっとの環境で変えられるじゃないですか。

中野　私がもっと腹黒い人間だったら、そこを突きますよね。その欠落感を埋めてあげるひと言を駆使して（笑）。

荒川　たぶん、優秀な詐欺師はそういうところをいろいろ突くんでしょうね。

欠落感を埋めて幸せになるための「エモ消費」

荒川　実は、**ソロ男・ソロ女の欠落感を埋めているのが「消費」**。消費というのは、お金だけじゃなくて時間も対象です。**お金だけでなく、時間も使って自らの幸せを手に入れることを、「エモ消費」と定義**しています。

ちなみに「エモ」とは、「エモーショナル（emotional：感情的な）」の略ですが、そもそもは、若者たちの間で使われる「エモい」という言葉から取っています。

メディアアーティストで研究者の落合陽一さんは、「エモい」をロジカルの対極にある「もののあはれ」と言っています。「エモい」を日常的に使う若い子の中には、「ヤバい」の代用語として使っている人もいますが、厳密には「ヤバい」とは違うんです。

中野　「心が動いた」という意味ですよね。

荒川　そうそう。「なんかうまく説明できないけどいいよね。わかってもらえないかもしれないけどいいよね」というような意味合いなんですよね。

中野　すごくハイコンテクストな感情だなと思います。

荒川　そのとおりです。エモを「感動したい」とか「思い出をつくりたい」という簡単な言葉では説明できません。モノ消費からコト消費への移行により、モノ消費の所有価値は「使用価値」に変わりました。モノは所有するだけではなく、どうそれを使うのかが価値化したわけです。

コト消費からエモ消費に移行すると、コト消費の体験価値は「時間価値」へと変わります。その体験によって、その人の時間がどのように価値を持ったのかが問われる。**エモ消費における精神価値とは、ソロが抱える心の欠落感（低い自己肯定感）を埋めるために、代償行為として自己の社会的役割、つまり「俺は何か社会や誰かの役に立っている」という達成感を手に入れようとしている**ということです。

彼らは「配偶者や子どもがいない」ため、家族コミュニティを持っていませんから、その部分で社会帰属欲求が満たされていないんです。なので、その部分をアイドルやゲームへの消費行動を通じて、自己の社会帰属意識を満足させているわけです。

アイドルは擬似子育てですし、ゲーム課金は擬似出世といえます。そういうものに、傍から見たら無駄なお金や時間を費やしているように見えても、彼らは少しももったいないとか、無駄だとは思っていないんです。要するに、**お金と時間をかけることで、心を埋めているから**。

これも面白い事象なんですが、アイドルオタクの人って、アイドルのライブとかCDや応援グッズの購入にものすごくお金を使うんです。でも、アイドルに直接お金をかけるよりも、もっとお金をかけているのは交通費と宿泊費なんです。むしろ、鉄道オタクとか航空会社オタク、ホテルオタクです。

中野　周辺的なものに消費しているんですね。

荒川　そう。金額だけ見たら、旅費がすごくかかっている。でも、旅費がかかっているということは彼らの脳内から消えてしまっているのです。

中野　意識されていないわけですね。

荒川　でも、般若心経的に言えば、まさに「すべてが無であり空《くう》である」という域に達しているとも解釈できて、**エモ消費している彼らはその刹那《せつな》、本当に幸せを感じている**のだと思います。

「幸せ」を定義することはなぜ難しいのか

荒川　**自己肯定感を上げる話も、エモ消費で心の充足を図る話も、結局は「どうすれば幸せを感じられるのか」がポイント**です。これがわかっていたら、宗教はいらないですよね。

先ほども言ったように、**消費は幸せの一つの形でもあります**。僕は、時間が大事な要素だと思っているんです。没頭しているときは、時間を忘れますよね。「気がついたらこんな時間だ」というような。それって最高に幸せな気分だと思うんです。それを見つけられる人と見つけられない人の差は大きいなと思います。

中野　このあと第5章で「幸福感の尺度や定義は難しい」という話をしますが、やはり、幸せの種類はたくさんあるんですよ。何かに没頭して自分が幸せかどうかすら考えなくてもいい時間を過ごせることが幸せなのか。それとも、素晴らしい温泉に行ってお湯に浸かって「ああ、幸せ」というのが幸せなのか。

幸せにはさまざまな種類があって、私たちはどれも欲しい。どれも欲しいけれど、どれか一つだけでも手に入れれば満たされた感じがします。もちろん、それらを統合して充足感を得るのが幸せという定義もある。そうすると、**どうすれば幸せを感じられるのかも、正解はなく多様になってきますね。**

荒川　実は僕、そもそもの問いを間違えているような気がしています。**「どうすれば幸せを感じられるのか」と思ってしまうと、もう幸せを感じられないいんじゃないか。**

中野　（笑）。そうですね。「今、私は幸せではない」ということを前提にしているフレーズですよね。

荒川　105ページの既婚者の幸福度が非常に高いのは、ふだんの日常生活を幸せだと感じているわけではなくて、振り返ってみて「まあ、不幸じゃないし」とか「さりげない日常って幸せだよね」と思えればそれが幸せだ、ということかもしれません。

中島みゆきの『糸』の歌詞に込められた「幸せのかたち」

中野　それって、THE虎舞竜の歌の『ロード』的なことでしょうか？「何でもないようなことが幸せだったと思う」という歌詞がありましたね。

荒川　いや、『ロード』じゃなくて、中島みゆきさんの『糸』です（笑）。中島みゆきさんの『糸』では、「幸せ」を「仕合わせ」と書くんですよ。「幸」じゃなくて、「仕」に「合わせる」。「仕」は当て字らしいです。

中野　「仕を合わせる」ですか？

荒川　本当はタメが入っていて、「為《な》し合わせ」、つまり「することを合わせる」ことらしい。それが「仕合わせ」。行動を人と合わせることによって……。

中野　「Do it Together」？

荒川　そう、「Do it Together」。奈良時代がそう。室町時代になるとこれが変容します。

中野　「為し合わせ」って、もしかして雅楽由来の言葉でしょうか？

荒川　そうかもしれません。室町時代になるとこれが変容して、「めぐり合わせ」とか「めぐり合い」になります。偶然の出会いみたいな、人と人との関係性。それが、仕合わせのもと。**「仕合わせ」って、人と人との関係性**なんですね。

中野　確かにしっくりきます。

荒川　となると、「ソロはどうすればいいんですか？」ということなんですよ。

中野　なるほど、**ソロは人と合わせられない**……！

荒川　(笑)。でも、だから消費を合わせているんですよ。

中野　人相手ではダメだから、仕組みに合わせているんでしょうか？

荒川　ある特定の人とずっと合わせるのではなく、**いろいろな時と場合によって、相手を変えながら関係性は断絶させないようにする、「刹那の合わせ方」**というのもあるのかな、と。

中野　テンポラリー（一時的）な合わせ方。

荒川　はい。こういう「合わせ方」があってもいいんじゃないかと思うんですよね。

中野　なるほど。相手を一人に限定するよりも、リスクヘッジできていいとも言えますよね。

第4章

恋愛強者と恋愛弱者の生存戦略

結婚生活に必要なのは、決断力と思いやりだった――!?

一部の恋愛強者だけが愛もお金も総取りしている実態、その一方で恋愛弱者がマッチングアプリでも救われない現状を分析します。

30年前から変わらない「恋愛強者3割の法則」

荒川　恋愛の得手不得手もコミュニケーションスキルの一種と考えられますが、この恋愛スキルは人によって大きく差がつく部分です。
僕は、「恋愛強者3割の法則」と言っていますが、**つまり、恋愛が得意な人は全体の3割しかいない。7割の人は恋愛が苦手**なんです。このグラフ（図19）は独身者のうち彼氏、彼女がいる割合の推移です。
中野　このグラフだと、恋愛しているのはどうして女性のほうが多いんでしょうか。もう面白すぎますね。
荒川　これは、つまり浮気や不倫じゃないですか。
中野　ですよね。私、あえてぼかして言ったんですけど（笑）。

図19　未婚男女の恋愛率

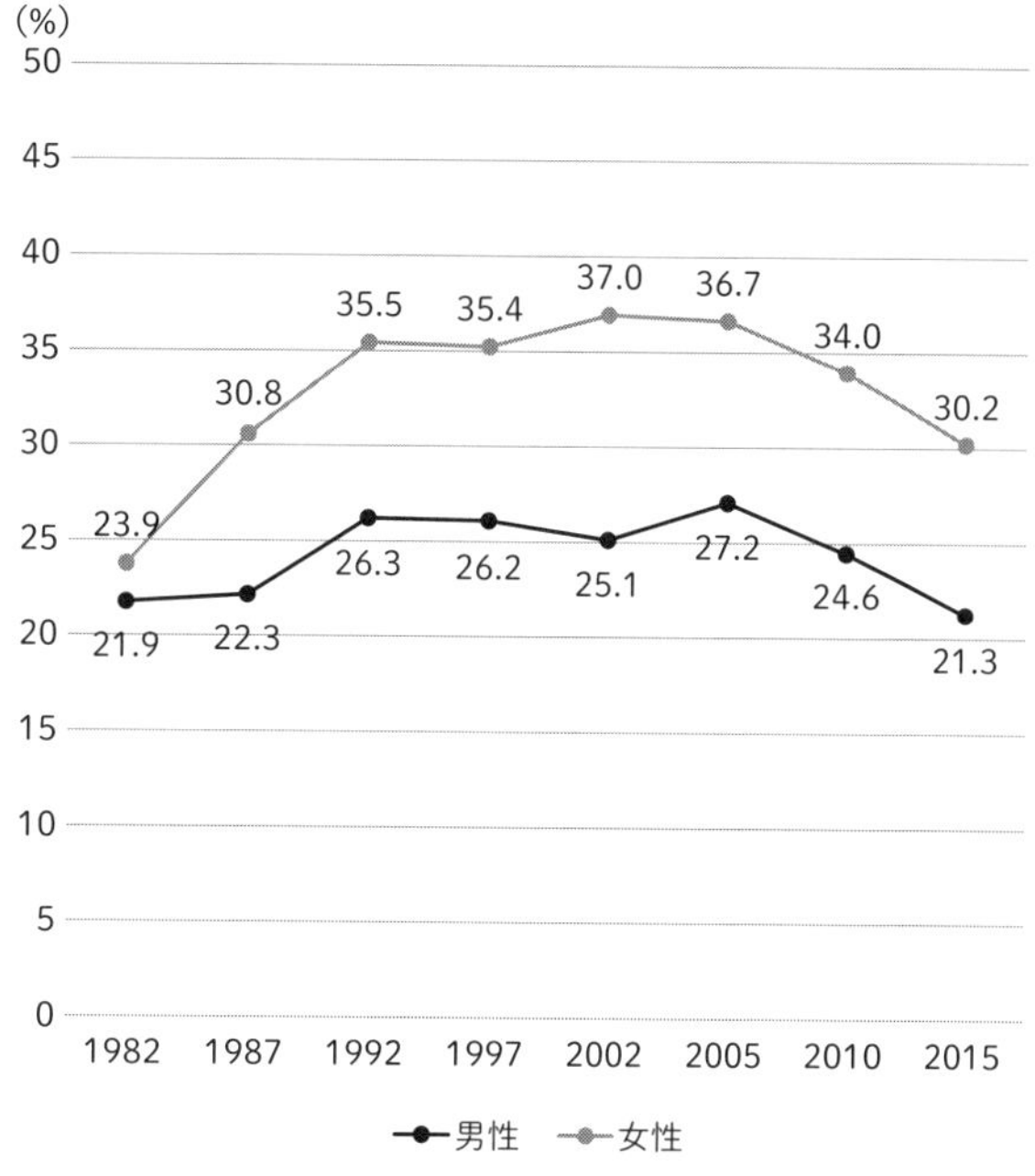

社人研「出生動向基本調査」より、18-34歳独身男女のうち「婚約者がいる」「恋人がいる」率の合算より荒川和久作成。

荒川　真面目な話、これには2つ理由があって、未婚男女でいうと男性のほうが人口が多いので、割合にするとこうなってしまうというのが1つ。

2つ目は「俺、独身だよ」とだましている不倫男がいることも含めて、**3割の恋愛強者男性が一人で何人もの女性とつき合っているということなんです。**

中野　つまり、これは一夫多妻のグラフということですね。

荒川　まさにそうです。結婚はしていませんけど。**恋愛している未婚男女は平均すると3割。30年くらい前からずっと約3割です。今の若い男性が草食化したわけではないんです。**

失恋した女性の話を聞くと、「相手に浮気された」というのが多いんですが、そういう女性って実は、違う男とつき合ってもまた浮気された、というパターンが多いんです。これを僕は**「浮気男のシェアリングエコノミー」**と呼んでいるんですが、それは当然で、一部の恋愛強者男の仕業なんですよ。

今まで一度も彼女ができたことのない男性が3割くらい存在する裏で、3割の恋愛強者が恋愛相手を何度も変えるという現実。まさに、勝者総取り（ウィナーテイクスオール）です。

自分と近い組み合わせの「恋愛同類婚」が約半数

荒川　でも、「既婚者は恋愛強者3割より多いでしょう、結婚しているんだから」という反論がきたんですよ。どうしても、恋愛強者はもっといると言いたくて仕方がない人たちから。それなら、と夫婦1000組を調べたんですよ。そうしたら、既婚男女でも恋愛強者はともに3割でした。

この調査では、「あなたは恋愛強者ですか？」という質問をしても仕方がないので、「モテた」とか「告白された」とか、恋愛の基軸になっているいろいろな問題に対して共通してイエスと答えた人が何％いるかを調べています。

それで、恋愛強者と判定されたのが既婚男女、つまり夫も妻も31％超です。きれいに分かれます。恋愛弱者も3割です。前に（91ページ）、未既婚男女の浮気率の話をしたと思うんですが、**浮気率も男女未既婚（未婚は現在恋人がいる人）ともに3割**だったと思います。まさに、**ほぼすべてにおいて恋愛強者率って3割程度で一定**なんですね。

さらに、既婚では恋愛強者と恋愛弱者、どういう組み合わせなのかを調べたんです（図20）。どうなったかというと、**「強者と強者」「中間と中間」「弱者と弱者」という組み合わ**

せが一番多くて、僕は「恋愛同類婚」と呼んでいるんですが、**それが約50%**です。

恋愛強者は、男女ともに年収も高い

荒川　しかし、だからといって、すべての夫婦が恋愛同類婚ではありません。たとえば、恋愛強者は男女とも3割いますが、そのうちの半分、15%どうししか結婚していないんです。さらに、恋愛強者の女性の世帯年収が最も高く、恋愛弱者の女性の世帯年収が最も低いんです（図21）。これはもう完璧に**容姿と経済力のトレードオフ**ですよ（詳しくは152ページ）。

中野　先ほども話しましたが、男性は容姿で女性を選ぶということですね……。

荒川　逆に言うと、**モテない男子でも経済力があれば、モテる女子と結婚できる**ということですよね。

身もフタもないなと思ったのは、**結局、男女とも恋愛強者が年収が高い**ということ。コミュ力と仕事って関係性があるのかもしれないですよね。

図20　夫婦・恋愛力度別組み合わせ一覧

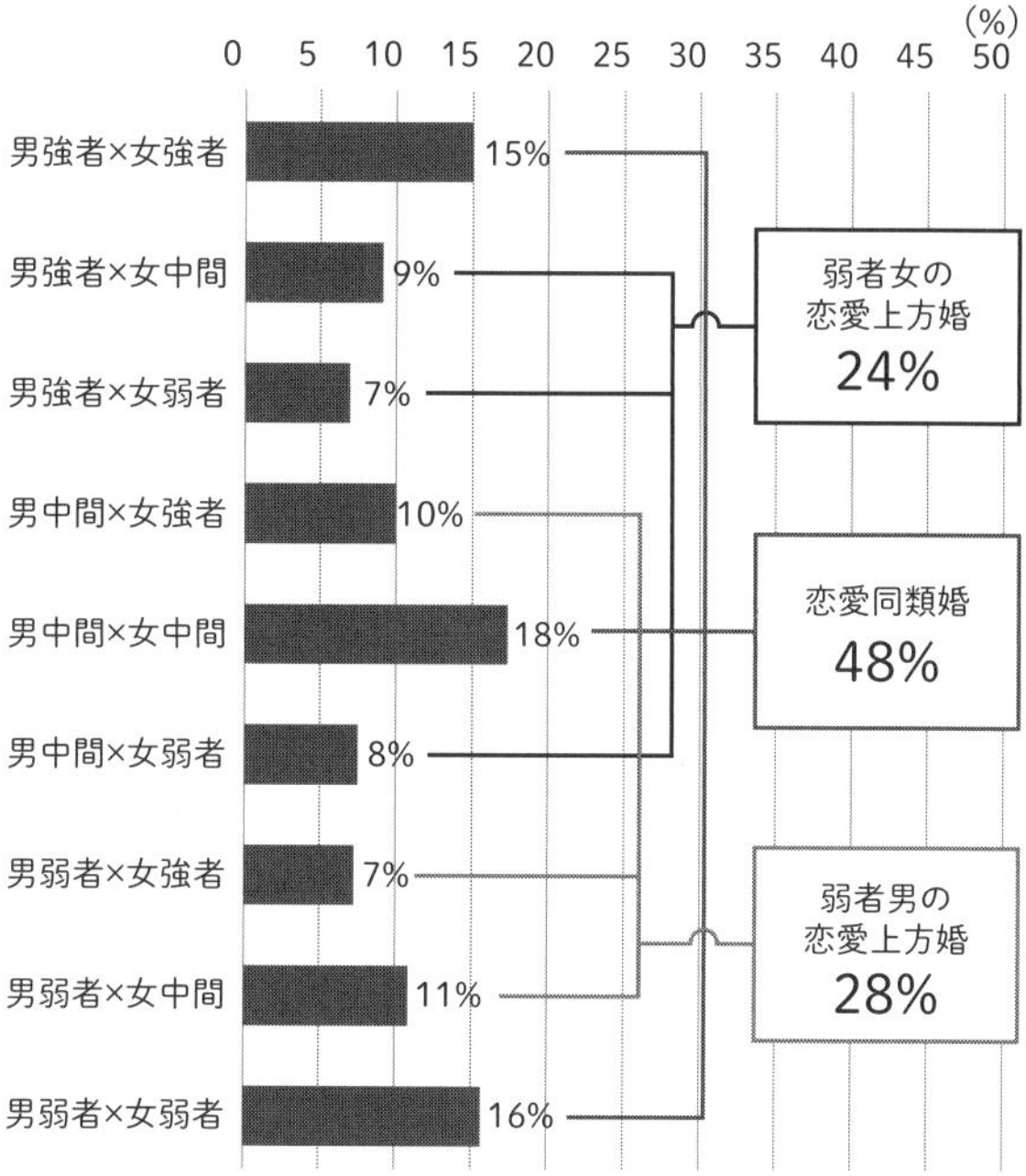

2018-2020年 荒川和久調査（全国20-50代夫婦1040組）より。

自分から能動的に動ける3割の人がモテまくる

荒川　そういう調査から、**恋愛強者とは能動的に動ける人のことなのではないか**と仮説を立てました。要するに、「残り7割の人は受け身」なんですよ。

「ナッジ」という概念をご存じでしょうか。ノーベル経済学賞を受賞したシカゴ大学のリチャード・セイラー教授による行動経済学に基づいた戦略です。

有名な事例があります。いつも汚れている空港の男子トイレをどうしたら汚れないようにできるかと考えたときに、小便器の真ん中にハエの絵を描いたんです。そうすると、男性がこの絵をめがけてオシッコをするようになるので、オシッコが飛び散らなくなる。結果として、トイレ清掃費を8割節約できたそうです。

このナッジとは、**「ひじで軽く突っつく」という意味で、ちょっとしたきっかけをつくって良い行動を促すこと**です。たとえば、「トイレを汚さないでください」と貼り紙をしても、誰も見ないし、むしろ汚してやろうみたいな人もいます。でも、ハエの絵を描くと、「きれいにしましょう」と言わなくても、結果的にきれいになる。

中野　無意識に誘導するんですね。

図21　恋愛強者・弱者別夫婦の世帯収入格差

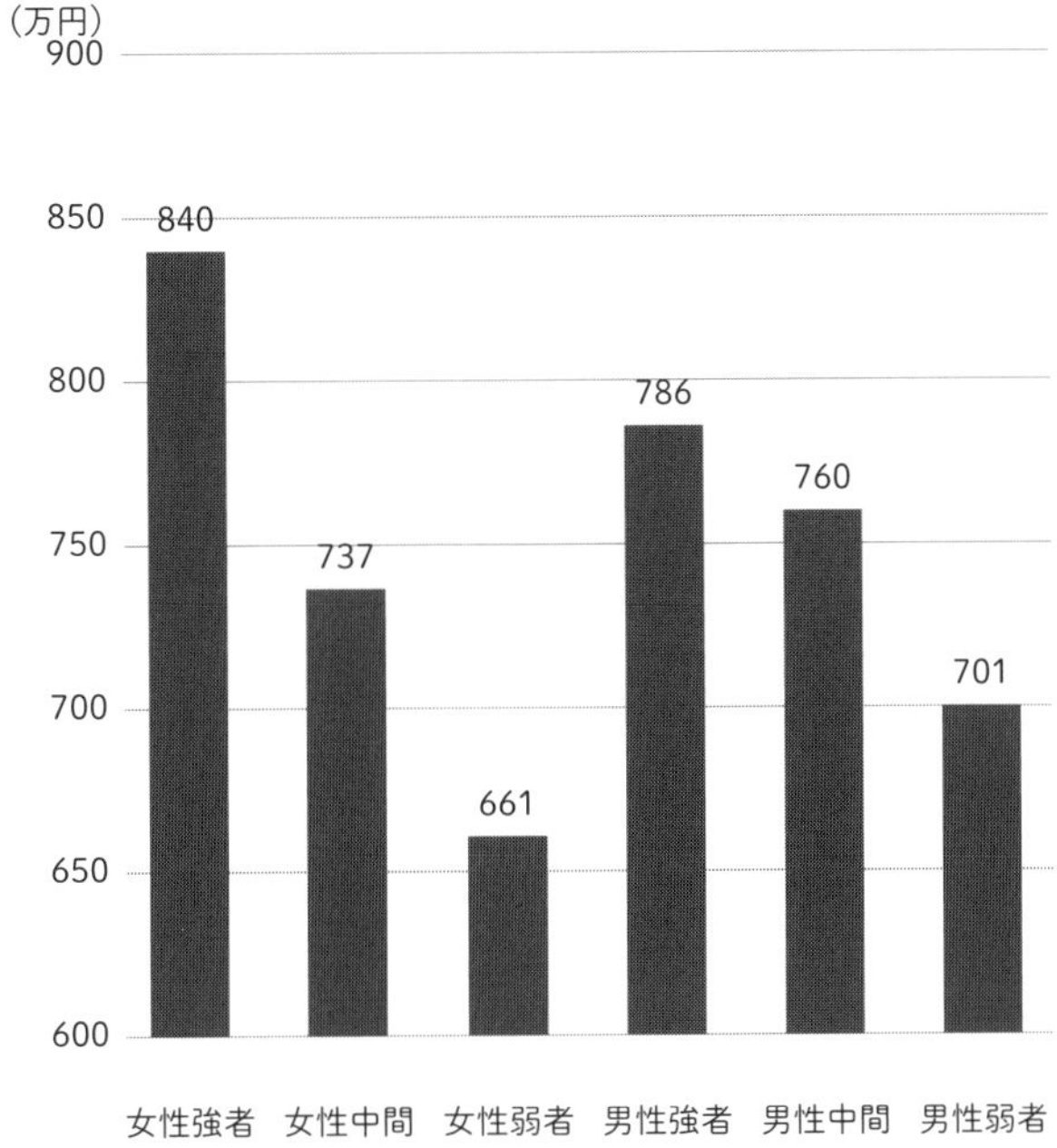

2018-2020年 荒川和久調査（全国20-50代夫婦1040組2080名）より、相手の配偶者との組み合わせにかかわらず。

荒川　それが「ナッジ」です。こういうものが恋愛においては大事だと思っています。

「ナッジ」がなければ動かない、受け身な人々は7割

荒川　ほかにも例があります。「ゴミを路上に捨てると汚れるので、ゴミ箱に捨てて街をきれいにしましょう」と言っても、市民はゴミを道端に捨てるわけですよ。それで、あるスポーツメーカーがゴミ箱にバスケットのゴールをつけました。
　すると、みんながゴミをゴミ箱に捨てるようになる、むしろゴミを拾って投げ入れて、外れたらもう1回入れるようになる。

中野　すごくいいアイデアですよね。

荒川　なんならわざわざゴミを見つけてきて、ゴミ箱に入れる。これも1つのナッジです。さっきのように、受け身の人が7割もいるとすると、恋愛も結婚もナッジを用意してあげないと誰も動かないということなんじゃないか。

中野　それができる人がモテるんですね。

荒川　そうです。言われなくてもやれる人。もっと言うと、**言われなくてもやれる人が搾**

取する（一人勝ちする）ことによって、この世の資本主義が成り立っているということも言えます。

中野　確かにそうですね。

結婚は「父性と母性」を持たないと成り立たない

荒川　既婚者の特性を調べると、恋愛強者どうしの組み合わせ、恋愛弱者どうしの組み合わせがあるという話をしましたが、ほかにも組み合わせに表れる特性を発見したんですよ。**「父性」**と**「母性」**という特性です。いま調べている途中なんですけど。

中野　父性・母性をどう定義しているんですか？

荒川　心理学者の河合隼雄さんが提唱していた父性原理と母性原理をベースにしています。

簡単に言うと、**「父性」とは自分で決断をしたり、物事の白黒をはっきりつけたり、規範や規則を守るという性質。リーダーシップを発揮するのも含みます。**

「母性」は、人の意見を聞いたり、困っている人を助けてあげたり、施しをしたりするもの。記号として父性・母性という言葉を用いているだけなので、「男としての父性」「女としての母性」という意味ではありません。いわゆる「特性」の話です。なので、男性にも母性はあるし、女性にも父性はあります。

そこで、父性が強い人と母性が強い人とで便宜上2つに分けたときに、1000組の夫婦がどういうカップリングをしているのかを調べたんです（図22）。

中野　ああ、それはいいですね。被験者の自覚でアンケートを取っているんですね。

荒川　そうです。「これは父性・母性調査です」とは言っていません。それは隠して、「一般的な性格審査です」と言って回答してもらい、こちらで振り分けたんですが、これが非常に面白かったんです。

調査前は、お父さんは父性でお母さんは母性というふうにマッチングしているのが普通かなと思っていたんですよ。でも、実は、**父性も母性も両方を持っている人どうしが一番カップリングしている**んです。

中野　パートナーシップはそういうものですよね。

荒川　父性しかない人とか、母性しかない人というのはあまりいなくて、両方持っているのがカップリングする。

中野　興味深いです。コミュニケーションってそういうものなんでしょうね。

図22　夫婦それぞれの父性・母性の有無

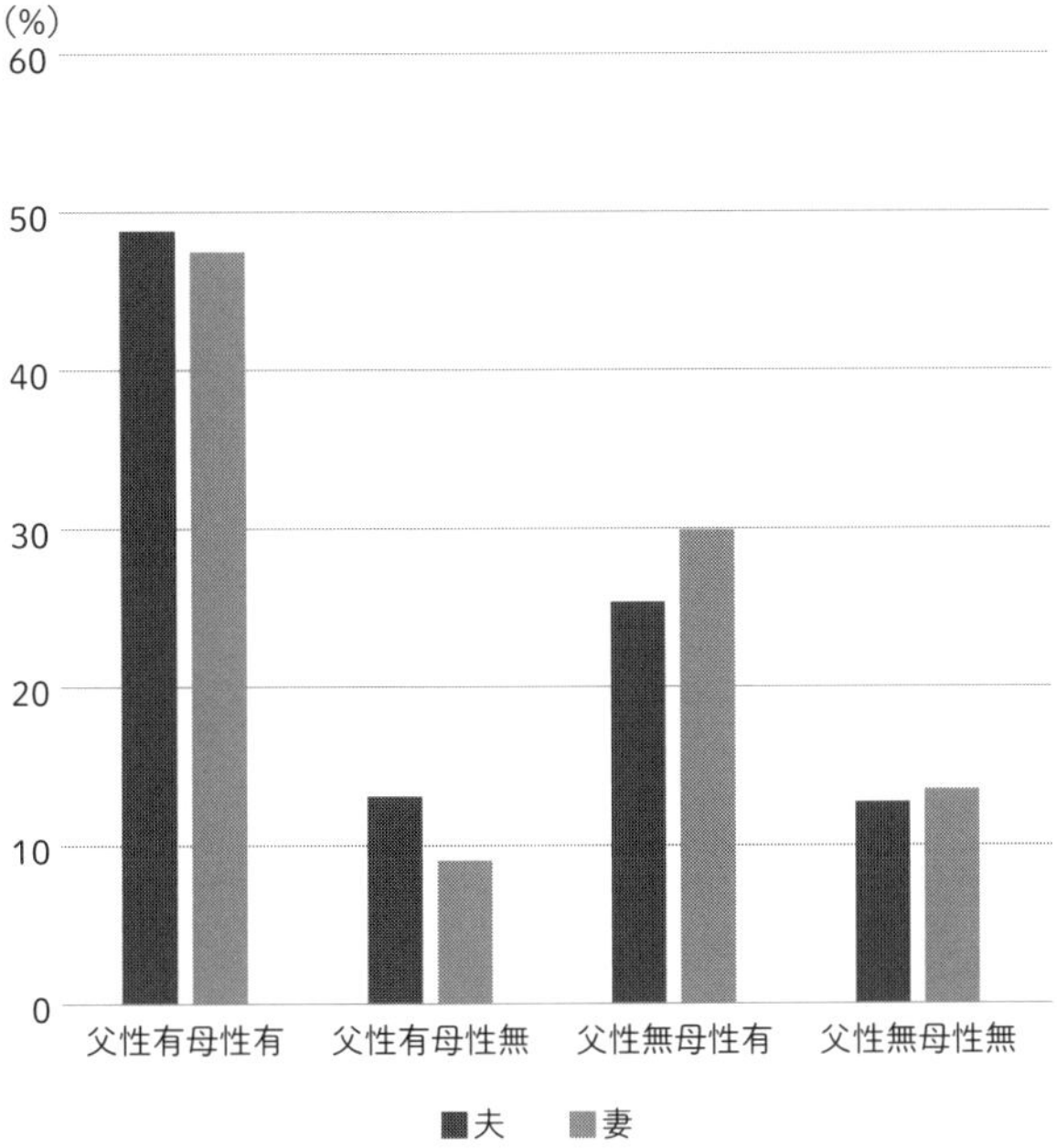

2018-2020年 荒川和久調査（全国20-50代夫婦1040組）より。父性・母性の有無は5点満点中、3点以上を有、2点以下を無とした。

荒川　そうなんですよ。**結局、お父さんらしい男性とお母さんらしい女性がカップリングするというのは幻想でしかない**んです。**父性と母性の両方を持っていないと、実はコミュニケーションができない**、ということなんですよね。

中野　素晴らしい答えですね！

荒川　個々人の持つ、母性と父性の強さの量を調べたんですが、「みんな父性よりも母性を多く持っている」ということ。母性というのは、さっき言ったように「協調性」ですよね。

中野　相手に対する寛容さとか。

荒川　そういうことです。だから、**父性が多すぎると共同生活には向かなくて、結婚生活には母性が多いほうが適しているとわかる**んですね。

全部で16パターン（図23）あるんですが、なかでも夫婦の数が多い4パターンを見ると、**父性も母性も両方を持っている人どうしの夫婦が断トツに多い**んです。

これ全部が×、つまり父性も母性も弱いという人もいるんですよ。でもね、全部ない人は結婚していないかというと、そうでもなくて、むしろない者どうしで結婚していたりします。**ただ、全体的には、結婚している夫婦はともに母性が強い**ということです。

図23　父性・母性有無別夫婦の組み合わせ構成比

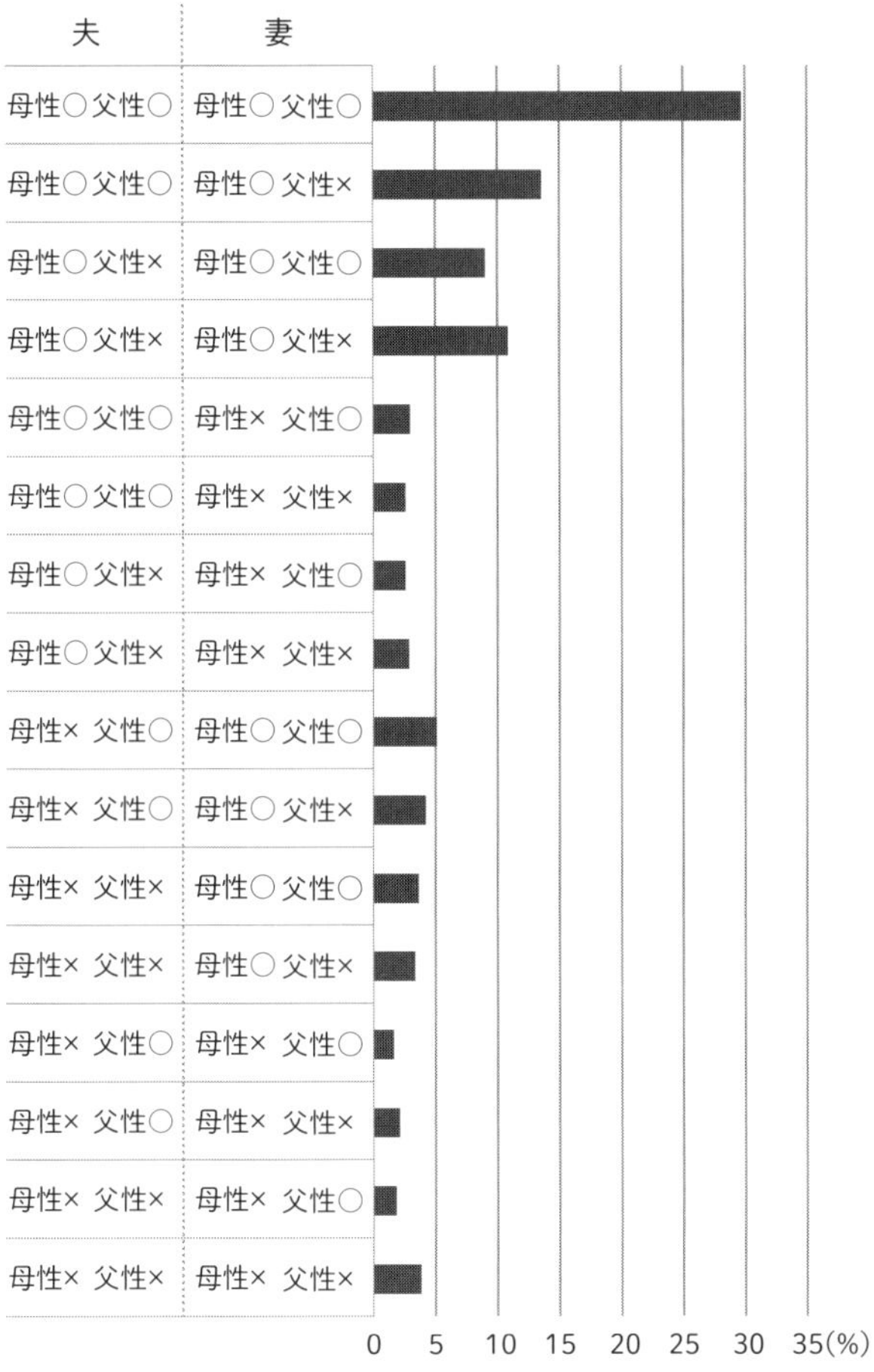

2018-2020年 荒川和久調査（全国20-50代夫婦1040組）より作成。父性・母性の○×は5点満点中、3点以上を○、2点以下を×とした。

中野　それは、そうでしょう。だって、結婚にならないですよね。

荒川　結局、母性は女性（お母さん）のものというわけではないんです。そもそも、**包み込む力、許容する力は、男性も女性も持っていないといけない。**かといって、父性もゼロではダメなんですが。

中野　母性を持っていない男性は、たとえ子どもができても逃げると思うんですよね。そもそも結婚をしたくなくて、俺は自由でいたい、となりそうですね（笑）。

荒川　それなら、母性豊かな男性が増えれば、結婚が増えるんじゃないか、と思いますよね？

中野　思います。そうでもないんですか？

荒川　実はね、これが逆なんですよ。次の図24（年代別夫婦の父性・母性）を見てください。20代、30代、40代、50代と年代ごとに棒グラフになっているんですが、年代が若くなるごとに、男性の母性は上がっているんです。女性の母性はあまり変わっていないんですが。

一方、男の父性も女の父性も、年代が若くなるごとにだんだん下がっています。**要するに世の中は、父性的なものがどんどん減っていて、男の母性的なものが増えている。**僕は

図24　若い夫ほど母性が高くなり、父性が減った

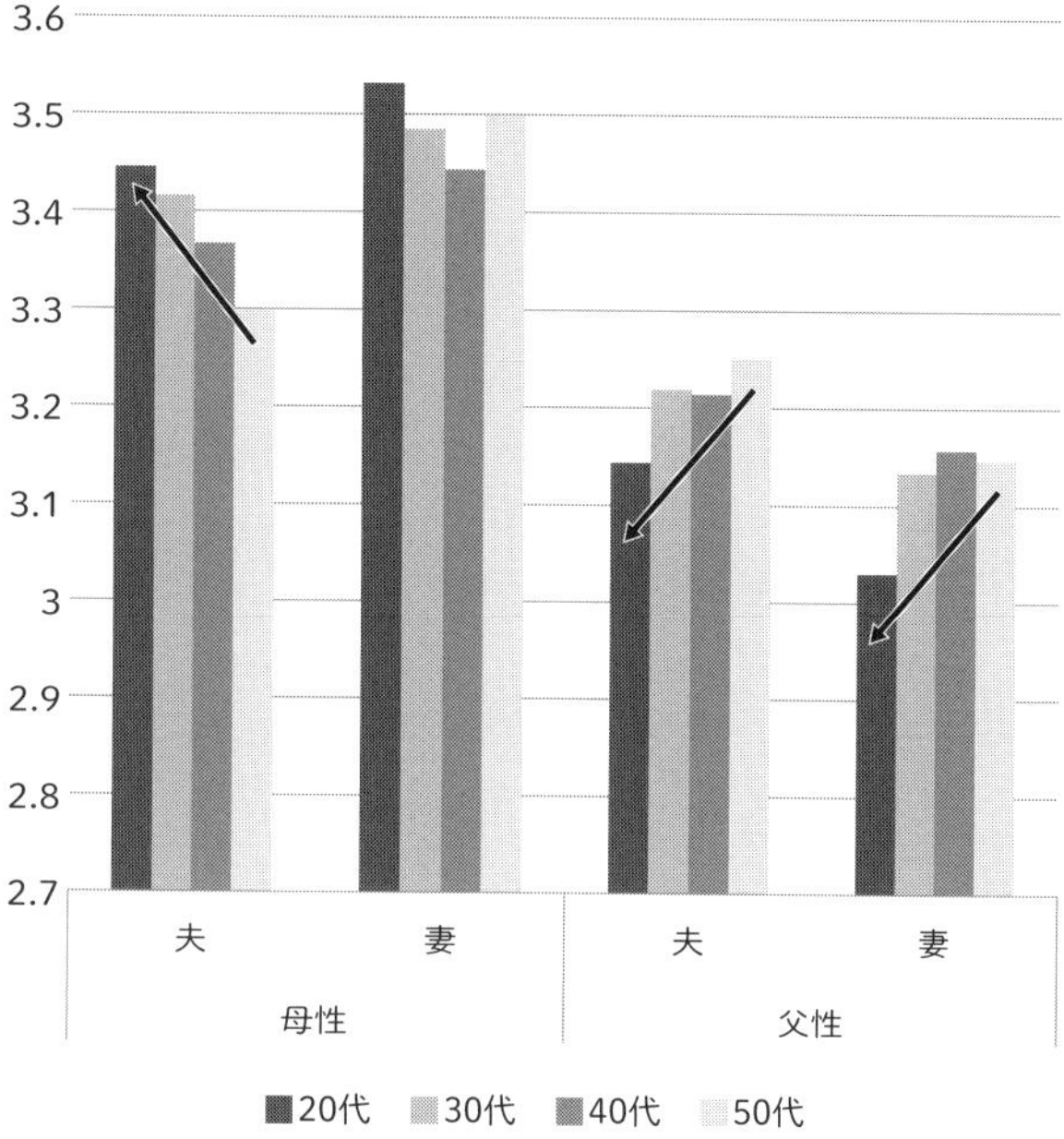

2018-2020年 荒川和久調査（全国20-50代夫婦1040組）より、低い（1点）～高い（5点）の５段階での平均点にて作成。

父性的なものがなくなると、結婚しなくてもいいんじゃないかという風潮になるのでは、と思っています。

中野　なるほど！　もし擬似相関ではないなら、そうですね。父性の特徴をもう一度教えてください。

荒川　白黒はっきりつけるとか、リーダーシップを発揮するとか、つまり「決断力」ですよね。**結婚って一人の相手に「決める」ことですから、父性がゼロだといつまでも結婚できないともいえます。**

中野　結婚生活を長く続けるには、「寛容さ」とかのほうが重要なのかなという感じもするんですが。

社会生活において決断力が重視される局面とは何だろうと考えてみると、短期決戦で成果を上げなきゃいけないプロジェクトなどでしょうか。そういう局面では､父性（決断力）を発揮できるけれども、長く関係を続けていくときにはむしろ邪魔になるということなのでしょうか。

荒川　そう、長く関係を続けていくんだったら話し合いをしますよね。

中野　そうですよね。そちらのほうが重要ですね。つまり、関係を長く続けていける安定的な世の中になっていくと、父性的なものがどんどん要らなくなっていくということなのかなと思います。

荒川　でも、父性的なものが要らなくなって、母性的なもので関係がうまくいくんだったら、本当は結婚が増えてもおかしくないはずなのに、減っていますよね。

中野　**安定した世の中だから、そもそも結婚しないでもいい**わけですね。集団にならなくていい、共同作業が要らないということなんでしょうか。すごく面白いですね。

荒川　この父性・母性調査は、いま独身も対象にやっていまして、まだ確定結果は出ていませんが、**独身は当然ながら既婚者よりも父性も母性も全部が少しずつ低い**です。

ただし、独身と一括りに言っても、将来必ず結婚する独身（エセソロ）と結婚意欲の低い独身（ガチソロ）と2種類いるので、その差も細かく見ないといけないと思います。

亭主関白な夫は、母性が豊富!?

荒川　**「ガンコ親父に世話焼き母さん」みたいな夫婦って、意外と存在しない**んですよね。

中野　まさに、ステレオタイプどおりの夫婦はいないいんですね。

荒川　そうです。たとえば、一見、亭主関白に見える夫は、実は母性があって、人ときちんと話をするという素地があるから亭主関白ができていた、と。

中野　本当にそのとおりだと思います。私は個人的に温かみのある人柄がとても好きな方なんですが、梅沢富美男さんみたいな人ですかね。

あの方、自分の意見をガッとおっしゃるんですけど、実は弱者をすごく守るんですよね。自分より立場の弱い人に温かいんですよ。また、深い関係になった女性ともめたことはないと、ご自身ではおっしゃっています。

自分が矢面に立って、そうした間柄になった人に対しては面倒を見るのでしょうし、責任は取るというタイプなのだと思います。おそらくそういう類型の人が、関係が長続きする亭主関白なのであって、単に支配的に振る舞うのが亭主関白ではないんでしょうね。

荒川　長いこと亭主関白でいられるってことは、そういうことですよね。

中野　ですよね。妻から信頼されて相応に尊敬されているということなんですよね。

荒川　そうそう。奥さんからしたら、「亭主関白してなさい」ってことなんでしょうね。

中野　そう、私はほかのサポートをするから、あなたはあなたの責任を果たしてねということがうまく回っているんですよね。**夫も妻もお互いに思いやりを持っている。**

荒川　本当に嫌だったら別れるでしょう。ここ5年間ぐらい独身について研究していたんですが、結婚できた人は何が違うのかという観点で見ると、けっこう興味深いポイントが見えてきました。我々がずっと思い描いていたステレオタイプは大ウソだなということもわかるわけです。

中野　それなら、**男の人の思いやりって、キーワードかもしれない**ですね。

荒川　そうですね。今まで男のせいで女は言いたいことを我慢していたと言う人もいるんですけど、**結局、お互いさまと思えない人間がダメなんだということがわかる**んですよ。

中野　そうですね。そう思えない人は、結婚に向いていないってことですよね。

荒川　向いていないんです。「私が正しくて、あんたが間違っている」と言い続けていると、パートナーができないんじゃないかと思います。

中野　(笑)。**お互いを信頼して尊敬し合うことができれば、結婚というものはとてもシンプル**。でも、それは見落とされがちです。

荒川　そうです。それに、最初から信頼していなくても、信頼をつくっていけばいい。

中野　そうですよね。最初はお互いにわからないですからね。

荒川　あなたがそれをやるんだったら私はこれをやるとか、そういう役割分担ですよね。

中野　話し合いができるって大事ですね。

荒川　そうそう。「私は洗濯しているのに、なんであなたは掃除をやらないの！」とか、そんなことばっかりやっている人は結婚しないほうがいいです。

中野　確かに、一人でやったほうがそういったストレスもないですね。

荒川　どちらがやるとか、やらないとか、そういう振り分けの話ではなくて。

中野　むしろ、困ったことがあったら話し合える関係ですよね。

荒川　そう。昔から、それこそ明治・大正・昭和からそういうことをやってきたんだと思います。グラフでもわかるように、50代の人の父性・母性の数値は高いんですから。

中野　本当にそうですよね。

荒川　昔の調査資料が何もないので、昭和の人たちってこういうものだとみんな勝手に思い込んでしまうんですよね。それなら、結婚したくてもできない人は何を磨けばいいかというと、決断力や父性だけを磨くんじゃなくて、**男も女もむしろ母性を磨いたほうがいい**ですよね。

中野　そう、まさに思いやりですね。言葉にしてみると簡単に見えますね（笑）。確かに、すごくモテる人って、単にまめな人だったりしますよね。まめで、欲しい言葉をそのときにくれる人。容姿は実はあまり関係ない。要するに、**他者のことをよく観察していて思いやりがあると思われている人は、やっぱりモテている**気がしますね。

荒川　そう、きわめてシンプルな話ですね。

「思いやりの欠如を金で補えるか」問題

荒川　この父性・母性の調査は1000組の夫婦に行っているんですけど、当然ながらこの1000組の中にも現在の関係性が良いカップルと悪いカップルがいるわけです。

中野　お互いの満足度ですね。

荒川　このカップルどうしで、「お互いに今の結婚生活を漢字一文字で表すと何か」という質問もしたんです。

「愛」とか「幸」とか書く人もいますが、一方で「苦」と書く人もいるわけですよ。だから、マッチングはしたけれども今どうなっているのかは、また違ってくるのかもしれないです。

中野　婚姻を続けている年数も関連があるかもしれませんね。

荒川　はい、あります。結婚生活10年以上の夫婦は、とたんに「忍」とか増えますからね。

中野　そうなんですね。結婚生活とは何なんでしょうね。苦しい結婚生活を送ってしまうのはなぜなのか。かつてはスパークするような熱い時期もあったわけでしょう。

荒川　**結婚3年目、4年目あたりがポイントかもしれない**ですね。考えていたのと違う、一緒に暮らすのが苦しい、という思いが芽生えてくる時期。

中野　そう。もっと優しくしてくれると思っていたのに、という思い。

荒川　ある程度年数が経つと、「そういうこともある」と達観できますがね。

中野　あきらめですね。この調査結果は、初婚の年齢とは関係ありますか？　判断力がまだ成熟していない若い年齢で結婚した人と、私みたいに30代半ばになってある程度当たりをつけてから結婚した人とでは結果が違ってくるのかな、と思うんですが。

荒川　違いますね。134ページでふれたように、この1000組の調査では、結局モテる者どうし、つまり恋愛強者どうしでは15%しか結婚していません。

それはつまり、**モテる女性が「モテないけれどお金を持っている男性」と結婚しているという打算的なものが見え隠れする**わけですよ。

中野　いわゆる「経済活動としての結婚」ですね。

荒川　そうです。この調査では、そういう打算で結ばれた夫婦を含んでいますからね。

中野　「男性の持つ母性は経済力で代替できるのか問題」ですね。要するに、**母性がない男性は、経済力でその母性の分を埋め合わせることができるのか。**

荒川　なるほど。実際、父性を誇る男性ほど金を稼いでいます。

中野　そうでしょうね。どちらのほうがいいんでしょうか。第二子、第三子を産ませられるのは母性がある男性だと思うんですよね。でも、初婚でよく考えずにうっかり結婚したり、種をばらまいたりするタイプは、父性が強い男性だと思います。父性が強い男性と母性の強い男性は、どれぐらいの割合でいるのかが気になりますね。

荒川　**父性100%や母性100%の男というのは存在しない**んです。それぞれの人間の中に父性含有率が何%、母性含有率が何%ということです。

中野　なるほど。割合なんですね。では、ある境界値をつくって、50以上の人、50以下の人みたいに分けるとどうなるでしょうか？

荒川　**結婚している人を見ると、だいたい60%以上は母性がある**ということなんです。ただ、母性がないことを、金を稼ぐことによって補填《ほてん》しているという考え方もありますよね。

中野　そうそう。そういう人がどれくらいいるのか知りたいです。

荒川　実は、あまりいないんですよ。だって、結婚しているのはそもそも15%しかいないから。そもそもお金持ちの人がいない。独身はもっといない。だって、**年収400万円以上の独身者なんて3割もいない**んですから。

中野　世知辛いですね。

金持ち男性を狙う婚活女子は「情弱」⁉

荒川　婚活女子はみんな間違えるんですよ。たった3割もいない年収400万円以上の未婚男性を見つけるって女性は言うんですけど、結婚した男が全員最初から高年収ではないし、そもそも20代の頃なんてみんな年収は高くない。**ほとんどの男性が結婚してから収入を上げているわけ**です。女性はそれがわかっていないんですよ。

中野　金持ちを見つけるんじゃなくて、育てる。

荒川　そうです。「金を稼げる夫に育てよう」ということですよ。それがわからずに、すでに完成しているものを探そうとするのが大きな間違いなんですよね。

中野　なるほど。ある意味、「情弱」（情報弱者）なんですね。

荒川　「炭焼き長者」という昔話を読んでもらいたい（笑）。

中野　なるほど（笑）。世の中の女子の目からうろこが落ちる話ですね。

荒川　炭焼き長者の話をご存じない読者の方のために説明しますと、ＤＶで奥さんが離婚して家を出ていくんですよ。「あんた（元の旦那）とはやっていけない」と家を出たものの、行くあてもなく山をさまよい歩いていたら、一軒の山小屋があった。そこに炭焼きで生計を立てている貧乏な男が一人で住んでいた。

「一晩泊めてください」と言ったら、男は「いいよ」と親切にしてくれた。その親切に心を打たれて、女は翌日、「私を妻にしてください」と言うわけです。「いやいや、俺なんか貧乏で養えないから」と男は断るんですが、女は無理やりそこに「いいんです」って。

中野　押しかけ女房。

荒川　そのとおり。押しかけ女房になったんです。当然ながら貧乏だから、二人で暮らすのは大変なんですよ。でも、別に女に不満はなかった。

ある日、女が裏庭に行って、下を見たらキラキラ光るものを発見します。よく見たら、なんと砂金だった。そこで、男を呼んで、「これ、売れるわよ」と伝えたんですが、男はピンとこない。「こんなもの、裏山に行ったら山ほどある。価値なんてないよ」と。

女は「いやいや、ものすごい価値がある！」と言って、町に持って行ったら大金持ちになった、という話なんです。

女性は、男性を選んで育てるのが早道

荒川　要は、**彼女と出会うことによって男は今まで知り得なかった自分の価値に気づいたという寓話**なんですよ。

砂金は、現代でいえば「仕事の成功」の比喩《ひゆ》でしょう。炭焼きの男は最初から金持ちではなかった。もし、女が金持ちの男を見つけ出すことばかり気にしていたら、こういう結果にはなりません。**結婚とは、お互いに作用し合って、隠れた力を顕在化し合う関係性なのかもしれない**と思うんです。

中野　いわゆる「あげまん」ですね。確かに男性を育てたほうがいいですよ。男性が自分から離れていかないし。

荒川　本当ですよ。ついでに言うと、**昔話は女性のほうから押しかけるのが圧倒的に多い**んですよ。「鶴女房」（「鶴の恩返し」）とか。男からプロポーズする話なんてほとんどあり

ません。

中野　確かに。なぜなんでしょう？

荒川　基本的に受け身なんです、日本人男性は。

中野　あれはただの願望じゃないんですね？

荒川　願望じゃなくて、それがリアルだったから寓話や逸話になっているんだと思うんですよ。

中野　女性が積極的であった、と。

荒川　**おそらく、女性のほうが男を狩っていた**んですよ。要するに、「私の子どもをつくるのはおまえだな。よし、私の旦那になりなさい」と。

中野　選択の裁量権が女性にあったということですね。

荒川　昔は、妻の家に夫を迎える妻問婚《つまどいこん》というのもあったじゃないですか。男は選ばれる側だった。

そう考えると、「女の人は、自分から狩りに行きましょう」という話ですよね。意外と、**自分からプロポーズしている女性は多い**んですよ。

中野　うちも、プロポーズじゃないけれど協議で決めました。別に「結婚してください」

とか言ったわけではなくて、「そろそろどうですか」と私が口火を切ったのを覚えています。

荒川　そうそう。形式的なプロポーズではなくて、結婚を詰める、結婚話を切り出すというのは女性が多いんですよ。そういうのを見習ったほうがいいですね。

中野　確かに。男性からのプロポーズは、かつてのトレンディードラマの影響ですね。

荒川　そうなんですよ。そもそも、男から告白するなんていう文化は、『ねるとん紅鯨団』（＊）までなかった話（笑）。

（＊１９８７年から１９９４年までフジテレビ系列で放映されたテレビ番組。視聴者参加の集団お見合い企画が人気となる。番組後半の告白タイムでは、男性が意中の女性に告白する）

中野　懐かしいですね（笑）。

荒川　あの番組が、男が右手を差し出して「お願いします！」って女性に言う儀式を発明したんですよ。その前はつき合う前に告白する文化なんてありませんでした。告白しなくてよかったんです。ですから、**男性からの告白なんて、たかだか30年の歴史しかない**んですよ。

結局、女性の容姿と男性の経済力はトレードオフなのか？

中野　妻の家に夫が行く「通い婚」のイメージから考えると、男性が女性を選ぶのかと思っていました。

荒川　貴族はそうかもしれませんが。昔話を調べると、本当にいきなり女の人が結婚を迫りますよね。浦島太郎の原本もそうなっています。

浦島太郎は子どもにいじめられた亀を助けたんじゃなくて、ただ単に釣りをしていたら亀が出てきて、「私と結婚しませんか」と。

中野　原本ではそうなんですか？

荒川　そうです。もともとの話では亀が乙姫なんですよ。亀に「私と結婚しませんか」といきなり言われるんです。だから、女性からプロポーズという話はけっこう多いんです。「男は産湯屋をつくれ。つまり子どもを産む家をつくれ」と。要するに、経済力が求められるんですよ。

中野　そういう魚がいますね、オスが巣をつくる魚が。

荒川　それで、女性は男性の金でつくった家で子どもを産んで育てる。**昔から男は経済力なんですよね。**

中野　やはり、金でアフォードするわけですね。

荒川　そうなんですよ。「女の上方婚が許せない！」と金のない男が言うんですけど、いやいや、きみたちが女性の年齢や容姿を重視するのと同じように、彼女たちは男性の金を重視しているんだから、もう完璧にトレードオフ（養う）ですよ、という話なんです。

中野　そう思います。

荒川　「お見合い制度」というのは、そこから脱落した人たちを、有無を言わさずマッチングさせるものです。

中野　なるほど。インスタグラムで『バチェロレッテ』という番組の広告をよく見かけるんですよ。『バチェラー』の女性版というふれこみで。ハイスペック女性と結婚するために複数の男性が競い合う番組です。

そこで、ハイスペック女性として出てくるのが東大・京大の女子ではなくて、CAやモデルなんです。つまり、**女性のハイスペックとは容姿だとされているんです。**収入や学歴ではないんですよね。

そういうのを見て、女性は「ん……」と思うんですが、その「ん……」と思うのと、経済力を重視する女性を見て、男性が「ん……」と思うのと同じということですよね。

荒川　何がハイスペックかが男女で違うと。

中野　女性のハイスペックが容姿なら、みんな整形しますよね。

荒川　でも、それはここ何十年で生まれた文化ではなくて、もう何千年と続いてきたもの。貨幣がなかった時代は狩りの能力とか、そういうものがお金だったじゃないですか。

中野　ええ。美人を指すのに「上玉」という言葉があるくらいですから。

荒川　そうなんですよ。だから、まあしょうがないのかな、と思いますね。

かつて恋愛弱者を救ってきた「お見合い」システム

荒川　昔は、こぼれ落ちた人を救う「お見合い制度」というマッチングシステムがあったから何とか結婚できたんですけど、今はほとんどありません。

中野　別に結婚しなくてもいいですからね。

荒川　そう。結婚したくない人はしなくていいんですが、結婚を望む恋愛弱者にとっては、この「お見合い」というある種の社会規範的マッチングシステムがあったからこそ結婚できたという側面もあります。

ところが、自由選択制になれば、当然、選択される者とされない者との格差が拡大します。恋愛強者が一人で何人もの相手と恋愛する一方、弱者は誰とも出会えないという結末になってしまうのは、残念ながら事実です。

中野 弱者が救われないんですね。

荒川 救われないです。結局、がんばって男性に声かけてもらおうと思っても、恋愛弱者は受け身なので無理なんですよ。

中野 男性のほうが慎重ですからね。

荒川 だから、**本当に結婚したいとか子どもを産みたいと思うなら、もう女性から狩りに行かないと無理だよ**、ということですね。男性はもう「一人でもいいや」と半分あきらめの境地に入っているので（笑）。

中野 なんとか暮らしていけますよね。なんなら、そのほうが得ですからね。

荒川 もう俺はＶＲ（仮想現実）で生きていくよ、という。

中野 「バーチャルな俺の嫁」を生涯のパートナーとして生きていくのですね。

荒川　それで十分幸せですからね。
しかも、童貞のまま40歳、50歳になる男性も増えていますから。もはやセックスに興味ないんですよね。

これからは、趣味としての結婚か、経済活動としての結婚か

中野　なかなかインパクトがありますね。

少子化と一言でいっても結婚の価値そのものがどんどん変わっていっていますし、**上方婚、つまり容姿と経済力をトレードオフするような関係というのも、経済活動というよりは趣味の領域になってきていますよね。**

だって、結婚という経済活動を行わなくても、そういう層の人は一人で生きていけるでしょう。すると**結婚は、したい人がする趣味みたいなものになっていって、必ずしなきゃいけないものではなくなる**じゃないですか。

そのとき、社会の仕組みとして次世代をどう生み出すのかというところだけが問題になるんですけど、「趣味としての結婚」になってくると、行政は何の手も打てないですよね。

すると、ますます子どもの数は減っていきます。

荒川　ただ、おそらく実際結婚している人たちって、上方婚とかは考えていなくて、好きだから結婚する、できちゃったから結婚する、という人たちがまだ多いんですよね。特に、地方に多いです。実際、**初婚女性の6割は20代**ですから。

中野　6割とは多いですね。

荒川　ですから、「晩婚化」といわれるのは、39歳、40歳とかで結婚する人が増えているから平均値がそうなっているだけです。結婚する女性の6割はもう29歳までに結婚しているんです。経済力とか関係なく結婚する人もたくさんいる。

中野　戦略的結婚ではなく、「しちゃった」という結婚ですね。

荒川　そうそう。趣味として結婚する層もいるでしょうね。そういうのにたぶん一役買っていくのはネット上のマッチングで、**遊びとしての結婚、趣味としての結婚が増えていくのかもしれません。**

中野　「エンタメとしての結婚」ですか？

荒川　そうです。ただ、経済活動としての結婚、つまり一人口《ひとりぐち》は食えないけど二人口《ふたりぐち》は食えるみたいな、そういう類の結婚はまだまだあるんじゃないかな。

むしろ、どの時代にも一定数は存在していて、あまり変わらない。いずれ結婚が少なくなっても、半分は存在すると思うんです。有配偶率は50%を切らないはずだ、と。

中野　**二人で暮らせば食べていけるシステムとしての結婚――「タダ友割」みたいな結婚は残る**、ということですね。

荒川　そう思うんですよね。なんだかんだいって結婚する人が半分は存在するから、その人たちが子どもを産み育てて、結婚しない人や子どものいない人はそれをサポートしましょうよ、という社会でいいんじゃないかと思います。

「結婚する人・しない人の共存」が子育てしやすい社会の鍵

中野　いいですね。「結婚しないと生産性がない」という国会議員の発言がありましたが、私は反対の立場なんですよね。結婚しないと生産性がないというのは、実は集団で見ると違うんです。**結婚していない叔父、叔母がいるコミュニティのほうが次世代がよく育っているという研究があります。**

カナダの研究なのですが、同性愛者が姪や甥の子守をしたり、芸術や音楽の家庭教師をしたり、医療や教育などの金銭的な援助をしたりすることで近親者を助け、間接的に遺伝子を受け継ぐ可能性を高める「スーパー・アンクル」として再生産率の向上に寄与しているとするものです。

完全にみんなが子どもをリプロデュースするよりも効率がいいかもしれないんですよね。

荒川　それはなぜでしょうか？

中野　**人間は生まれてから大人になるまでに長い時間がかかり、その期間はかなり脆弱《ぜいじゃく》な存在だからです。それをサポートするような社会のほうが、次世代が育ちやすい**という考察なんですよね。サポートする余力のある大人たちがいる集団のほうが、統計的に見ると効率がよかった、というわけです。

荒川　昔はそれが可視化されて、しかも近所に住んでいた。

中野　コミュニティで育てる仕組みがあったわけです。

荒川　昔は、直接手を貸してくれるのが当たり前だったんですけど、今は直接の知り合いでもないし、血もつながっていないし、近所にも住んでいない。でも、**サポートしてくれる、そういう見えないコミュニティをどうつくっていくかというのが大事**だと思います。見えなくてもサポートしてくれるコミュニティがあるんだと信じられるように。

中野　**ネットがそういう役割を果たせるはずなんですが、どちらかと言うと人を攻撃する機能が暴走しがちで、手を差し伸べる役割がいまひとつ弱い**んですよね。

でも、クックパッド（投稿型料理レシピサイト）などは、少なくとも「おばあちゃんのレシピ」みたいなものの代わりにはなっているし、育児の知識は真偽とり混ぜてではありますが、ネットにもけっこうありますよね。ただ、追い詰めるような言説が流布しやすいのも確かで、心理的なサポートもネットで媒介できるようになっていくと、お母さんたちは楽になるかなと思います。

荒川　本当ですよね。育児ノイローゼになるような人たちがネットでいろいろと調べても、不安に輪をかけるような情報が載っているから余計に追い詰められてしまいます。

昔のように、おばあちゃんや母親と一緒に住んでいれば、なんで泣きやまないのとか悩んでいるときに、「みんなそうなの。よく泣く子ほど元気なのよ」みたいなことを言われて安心できたじゃないですか。

でも、今、「なんで泣きやまないの」ってSNSに書くと、全然関係ない男とかが「うるせーよ」とかいうことを言ってくる。

中野　その態度の大きさはどこから来るのだろう。「あなただって、かつては赤ん坊だったのでは」と言いたくなります。

荒川　本当はネットにも、きちんとしたサイトがあるんですよ。信頼できる情報もあるのに届かない、むしろ余計な情報が多すぎる。

中野　ノイズのせいで、本来必要な情報にリーチできないという現象がありますね。

荒川　**本当は、本人が検索するのではなくて、本人が見てはいけないものはフィルターをかけられるような機能があるといい**ですね。子育て世代の人に関しては、子育てに有害なものはフィルタリングしますよ、というようなことでもいいと思うんですよ。

中野　いいですね。ＡＩの活用例として提案できそうです。

第5章

ソロ化と集団化の境界線

ここからは、個人への視点を広げて、ソロ化しつつある社会全体を俯瞰していきます。個人を尊重するか、集団を優先するか。どちらが生きやすい社会なのでしょうか。この章では、世の中にあふれるステレオタイプ脅威と同調圧力を読み解きます。また、「個人主義」といわれる欧米と「集団主義」といわれる日本の現状に関しても分析します。

自分で自分に呪いをかける「ステレオタイプ脅威」の怖さ

中野　結婚や恋愛に限らず、実際に、女性の選択や行動スタイルもすごく変わってきたという印象があります。昔は、女性は群れたがるというような都市伝説が流布していましたけれど、実はそうでもないですよね。そもそも、女性に生まれつきそういう特性があるわけではないんです。

荒川　女性の特性というようなことがずっといわれてきましたが、調査を通じてもそういうものが最近当てはまらないことが多いと実感します。先ほど、第1章（ソロ活市場の拡大）で、一人で動物園でも水族館でも旅行でも出かける女性は多いという話もしましたが。

中野　非常にいい傾向だと思います。「ステレオタイプ脅威」というものをご存じですか？

ステレオタイプとは、「社会に広く浸透している固定的な概念やイメージ」のこと。ナントカ分析とかナントカ診断とか、自分の性格はこうだと判断してくれるテストをやりますよね。そうすると、**人は「そうだ」と言われた性格に寄せてしまう――その現象を「ステレオタイプ脅威」**といいます。

たとえば、「あなたの血液型はA型です」と言われたら、A型らしいといわれる「真面目で几帳面」なふるまいをしてしまうことです。血液型と性格には何の関係もないということがわかっていますし、数多《あまた》の学者が「相関はない！」と口を酸っぱくして言っても、まだ流行っているのが不思議ですが……。

ともあれ、人は「あなたはA型です」と言われると、A型のようにふるまわなければいけないと、なぜか思ってしまうんです。「A型は几帳面なはず」と言われて、自分の性格を矯正するように几帳面に無意識に寄せてしまう。

そのあとで、「実は、血液型の検査結果が間違っていました。あなたは本当はO型でした」とわかったとしましょう。すると、その人は大ざっぱといわれるO型の性格傾向を示したりするようになる。これっておかしいですよね？

社会からそういうメッセージを受け続けて、自分のパーソナリティーの一部のようになってしまう現象が「ステレオタイプ脅威」です。

なかでも、**血液型よりもっと深刻なのが、「性別によって生じるステレオタイプ脅威」**。典型的なのが、数学的能力についてのステレオタイプ脅威です。「女性は数学や物理が苦手なものだ」というものですね。

有名な実験があります。「メンタルローテーション」といって、頭の中で地図や図形を回転できるかというテストです。このテストをやると、確かに女性は男性よりも平均点が低いんです。

ですが、女性にあらかじめ「性別」を意識させることを準備操作としてやったグループと、コントロール群として「所属」を意識させたグループとでテストをさせて点数を比較すると、同じテストでも点数が違うのです。

女性であることを意識させてテストをすると点数が下がってしまう――これがステレオタイプ脅威の恐ろしいところです。社会から「数学は、女はできてはいけないものだ。男性よりできたらモテない、結婚できない」というメッセージを受け続けているわけですね。

荒川　なるほど、恐ろしい呪縛ですね。

中野　まさに、**自分で自分に呪いをかけるのがステレオタイプ脅威**です。これは「黒人だから◯◯」とか、「白人だから△△」とか、人種という分け方をしてもそのような現象が起きることが確認されています。

たとえば、人種の差が際立ちやすいアメリカでは、黒人の学生がある一定の学年になると成績が落ちる、という現象があるんですよ。

社会から、「黒人は勉強ができても、白人以上には出世はできない」という類のメッセージを、子どもの頃からずっと有形無形に受け続けているんですよね。すると、「勉強しても意味がない」とか、「どうせ犯罪者として扱われる」と考えてしまうようになり、無気力になって成績が落ちるという現象も見られます。

ほかにも、アジア人女性はおとなしく従順だと思わされることで本当にそうなってしまうという現象もあります。みんながそう思い込んでいることによって、自分の可能性を限定してしまうんです。

荒川　それは誰にでもありうることですね。

中野　そう、誰にでも起こります。たとえば、「孤独でいる人は、◎◎なパーソナリティーのはずだ」というような決めつけもありますね。「結婚できない人は△△」だとか。「いや、結婚したくないからしないだけなのに」と思っていても、「結婚できないあの人には問題があるにちがいない」と判断されるのがこれまでの社会だったと思うんです。

けれども、荒川さんが指摘されたように、**最近の女性はステレオタイプ脅威から自由になりつつある**のかなというような流れに見えて、それ自体は非常によい傾向だと思います。まず都市部から少しずつ変わってきていて、それが日本全体に広がるのにはかなり時間がかかると思いますが。

荒川　女性に関するステレオタイプはだいぶ少なくなっていますね。逆に、男性がそこから抜けきれない感じもします。

中野　**もしかしたら、男性のほうがその呪いが深いのかもしれません。**「男たるもの、女性を守らなければならない」とか「女性よりも強くなくてはいけない」という呪い、あるいはプライドのようなものを手放しにくい。自分で自分を許してあげられないという苦しみが、男性にもあるかもしれませんね。

オタク＝「犯罪者」？　なぜ根拠なきステレオタイプが量産されるのか

荒川　ただ、ステレオタイプって世の中から消えることは絶対にないですよね。結局、その時々に応じて新たなステレオタイプが生まれてくる。ある意味、他者への勝手なレッテル貼りで、いつまでもなくならない。

たとえば、オタクという属性や、フェミニストという属性についても、ステレオタイプ的な決めつけの発言が散見されます。特に、SNS上では。

中野　しばしば引き合いに出される話で、宮崎勤元死刑囚（連続幼女誘拐殺人事件の犯人）の部屋にアニメビデオが山のように積んであったというんですが、実は撮影する人が、それらのビデオが見えやすい位置にくるよう入れ替えていたという逸話を聞いたことがあります。

「オタクで引きこもってゲームばかりやっている」という男性が変態扱いされ、犯罪者の類型として語られることは多い。でも、実際はどちらかといえば、マッチョで体育会系の男性のほうが性犯罪を犯す可能性が高い。これは、男性ホルモン値の高さが影響していると考えられています。

ですが、そういう男性よりも、中性的でぽっちゃりしていて女性ホルモン多めな印象の男性のほうが疑われるというのは不思議な現象で、これはまさにステレオタイプ脅威だと考えられます。

荒川　この種の犯罪をする人は、女性とつき合ったことがないようなモテないタイプだから、イコール、オタクなのである、というロジックですよね。

このような**因果関係が曖昧なものをどんどん結びつけていくことで、ステレオタイプができ上がってしまう**んですが、それをテレビのワイドショーで犯罪心理学者が平気な顔をして言ったりするのはよくないと思っています。

中野　そうですよね。メディアも変わっていかなくては。

荒川　こんなロジックが許されるなら、「こんな犯罪を犯すやつは、間違いなくカレーが好きです」とも言えてしまいますよね。そりゃそうだ、みんなカレーは好きだよ、みたいな（笑）。でも、言っていることは同じですよ。それぐらい変なことを言っているのに、対象がオタクだとみんな納得するんですよ。不思議でなりません。

中野　本当にそうです。**まったく根拠がないのに、なぜかみんなが納得するというのが社会通念の怖いところ**で、「こういう顔をしているからこういうことをするにちがいない」と何の根拠もなく思うんですよね。「あんな美人がうそをついているはずがない」とか。

そんなわけない（笑）。

荒川　そうそう。テレビで犯罪者の顔を見て、「悪人顔だね」と納得したり。これは非常に怖いことなんです。

イケメン政治家が選挙に強い理由

中野　ある若手イケメン政治家をまだ大きな業績もないのに世間が持ち上げて、ひとたび状況が変わると寄ってたかって貶める、ということがありました。本人にはかわいそうですが、それはイケメンだからですよね。実績がまだないのになぜ持ち上げるのか。もっと経験を積んでから評価すればいいのに。

実は、選挙の得票率に関する調査があるんですよ。これはサイエンス誌に掲載されたのですが、アメリカの議会選挙の候補者の顔をパッと見て結果を予想するという実験をしたところ、なんと偶然の確率以上に当たった（たとえば、２００４年の上院選では68・8％）という研究があります。外見だけで能力がありそうと思われた人は、実際に選挙でも通っているということなんですね。

荒川　見た目が重要なんですね。
中野　政策なんか見ていないという……。
荒川　そのとおりです。**選挙ポスターをなぜあれだけ盛っているかといったら、結局は顔で決まるから**。老人をだます詐欺師は、みんないい笑顔していますよ。
中野　そう。詐欺師はすごくいい人そうに見えるんですよね。
荒川　だから、**人は見た目ではわからないと言いつつ、見た目にだまされている**というわけです。
中野　そうそう。「人を見かけで判断するな」と巷間言われるのは、みんな結局「人を見かけで判断している」ということですから。

属性vs属性　個人より共同体の意思が優先される危険性

荒川　「オタク＝犯罪者」というステレオタイプの話もそうなんですけど、いわゆる**「属性対属性の戦い」になっている**と感じています。
　要するに、一個人対一個人でなくて、「こういうことを言うやつはこういう人間だ」とレッテルを貼り、「おまえはそのグループの中に含まれているから攻撃するぞ」ということです。**お互いに個人を見ていない**んですよ。

中野　クラスター（集団）で見ているんじゃないですか？

荒川　そうそう。「クラスターの中に含まれているおまえ」を攻撃していたのに、どんどん属性というクラスター対クラスターの戦いになっている。

中野　確かに。ネット空間ではそれが非常に顕著ですよね、発言をたどれるから。私が面白いなと思うのは、韓国俳優をかっこいいと言っただけで「反日だ！」と攻撃されたりするんですが、かっこいいはかっこいいであって、「別に政治的スタンスは関係ないのに」と思います。

ちょっとでも、「韓国のお菓子はおいしいよね」というようなことを言うとダメなんですよね。過激な愛国クラスターからめちゃめちゃ攻撃を受けるという現象があって、もう趣味もうかつに言えない雰囲気があります。こちらは韓国について特別な思いはまったくないわけですよ。別に韓国を過剰に持ち上げようとも思わないし、反日でもないですが。

荒川　おいしいものはおいしいと言っただけで。

中野　そうです。だから、韓国コスメって使えるよね〜、みたいな発言も、それだけで

「おまえも整形してるのか！」というような罵声が届く。「それ、違うでしょ。整形でなくてメイクの話でしょ」と思うんですが。

ステレオタイプに抵触すると激しい攻撃を受けるという現象が、特にネットでは顕著です。興味深い現象なんですが、標的にされると非常に理不尽な言説に巻き込まれ、つらい思いをします。それも集団主義の一変形なのかもしれないですね。

自分の属するクラスターの中にいる人には親切だけど、その人がいったんクラスターの外に出た途端、容赦なく攻撃を加える。

最も激しく攻撃されるのはどんな人かというと、クラスターの中にいたと思っていたのに違うことを言い出した人です。そういう人が、排除されるべき人として最も攻撃を受けてしまうんですよね。これはとても興味深い現象です。脳にはそういう人を検出する仕組みがあるんですよ。

この人は自分たちの仲間だったはずなのに、要するにオキシトシンの輪の中にいるはずだったのに、自分たちのルールと違うことを言いはじめた。自分たちのルールと違うことを言っているから、集団の中に引き戻すべきだ、あるいは出て行ってもらうべきだ、と考えるわけです。

そこで、攻撃を加えて、その人を矯正しようとする。**その人の個人の意思は許されず、「集団の意思に従え」という圧がかかる**んですよね。その現象をすごく可視化して見ることができるのはここ数年の流れです。

荒川　オキシトシンとは、「愛情ホルモン」といわれる脳内物質のことでしたよね？（82ページ参照）

中野　愛着の仕組みで、人との関係性をオキシトシンという脳内神経伝達物質が担当しているんですけど、これが効きやすいタイプの人がいるんですよね。**効きやすいタイプの人たちが集団主義的になっていて、個人の意思よりも絆を大事にする傾向があります。**日本には絆を大事にする側の人が多いとすごく感じますよね。

荒川　これ、まさにコロナ禍でマスクをつけないで電車に乗る人をみんなですごく怖い目で見るみたいな現象ですよね。「おまえは、みんなに迷惑をかけているんだよ」というノリじゃないですか。

中野　何でしょうね、ちょっと差別的な視線ですよね。

荒川　たとえば、電車に乗っている人たちは見ず知らずの他人ですよね。その見ず知らずの他人が一回咳をすると、ほかの全員で「こいつ、何だよ！」と思う瞬間がある——すると、「やっぱりみんなそう思ってるんだ！　俺、正しいんだよ、イエーイ」みたいな気持ちが……。

中野　まさに。

荒川　その瞬間、「俺、正しいんだぞ」感が押し寄せるというか。

中野　圧倒的正義の側に立った高揚感がありますよね。

荒川　それが行きすぎると人はものすごく残酷になって、下手すれば魔女狩りみたいに人を焼き殺しちゃうようなところまで行き着く……、と。

中野　魔女狩りというのは、本当にそういう原理で行われたのではないでしょうか。

荒川　そうですよね。今の電車での話も、オキシトシンの仕業なんですか？

中野　そうだと思います。**クラスター（集団）のほうを大事にする。自分が正義の側にいるという気持ち。**この場合の正義とは、集団の論理のことです。

みんながそうだと思っているもの、みんなが是としているもの、それが正義。**集団の論理を守ることによって、自らの正義漢ぶりを認識して、すごく気持ちがよくなる**わけですよね。これがあると、ルールを守らない人を仮に殺してしまっても、自分は正義の行動をしたんだと考え、あまり罪悪感を感じなかったりするわけです。

実際に、中世ヨーロッパでは魔女狩りがあったといわれます。でも、あれは実は中世というよりは啓蒙主義ぐらいの時期で、ルネサンスより後なんですよね。当時は、みんなの論理に従わない、ちょっとはみ出した人、コミュニケーションがうまくできない人がターゲットになった。中世の迷妄がもたらした悲劇と思っている方が多いと思いますが、実際は正義を遂行しようとする理性が人間を断罪した、理性の暴走です。

実は、当時は男性も魔女狩りにあっているんですけど、新潟大学の小林茂子先生が丁寧に文献を追って研究しています。たとえば、この時代のヨーロッパでは穀物を持っていって粉屋に挽いてもらって粉にして使いますね。でも、持っていった穀物の量より、粉のほうが少ない気がするとなると、それが勘違いであっても、噂が広まって、粉屋が標的になる。いったん標的になったら、もう脱出することは難しい。

荒川　殺人までいってしまうところの「突き抜け感」がやばいなと思うわけです。

中野　止まらないんですね。残酷な話ですが、人間にとってそれが気持ちいいからです。**正義の側に回ることがみんな気持ちいいと思っていて、それを止めようものなら止めた人が標的になってしまう。**

荒川　やっぱり一神教の弊害というか、善と悪、神と悪魔みたいな二元論で語られるから、

「殺さないとダメなんだ！」というところまでいってしまうんですかね。

中野　一神教的でない多神教の地域でもバッシングは激しいですね。人間そのものの性質と言うほうがよさそうです。

荒川　恐ろしい状況ですね。最近多いネットでの誹謗《ひぼう》中傷については、第7章でさらに詳しくお話ししたいと思います。

「集団への帰属欲求」が個人をないがしろにする

荒川　実は、「結婚して子どもを産め」という既婚者と「ソロで生きて何が悪いの？」という独身者とが、今まさに「属性対属性の争い」状態になりつつあるんです。既婚者からすれば、「子どもをつくらない独身者に、将来、自分の子どもの払った年金でのうのうと生きられるのが我慢ならない」というわけです。

中野　なんだか、子をつくらなければ非国民みたいな言い方ですね。

荒川　そう、義務を果たしていないという非難です。でも独身者からすれば、「俺がいま払っている税金で、おまえの親父は生活できているだろう」と。そういう不毛なやり取りになっています。それでも昔は皆婚時代でしたから、「わかりました、結婚します」って独身者側が言っていたんですよ。

ところが、独身者がだんだんマジョリティー（多数派）になってきて、将来人口の半分が独身者になると言われると、既婚者側もあせるわけです。自分たちがもしかしたらマイノリティー（少数派）になるかもしれない、と。

今まさにそのせめぎ合いがあって、逆に、ことさら「孤独とかソロとか独身は悪だ」という言説を触れて回る人もたくさん出てきているわけです。

中野　反動があるんですね。

荒川　そうです。まさに、「属性対属性の争い」ですよね。そこの部分でお互いに正義を振りかざすわけです。

中野　それぞれの正義をね。本人たちは気持ちいいかもしれませんが……。

荒川　いや、こっち側（ソロ側）にしてみれば、いきなり難癖つけられて、なんか悪者にされているんだけど、「別に関係なくない？」と思いますよ（笑）。

中野　関係ないですよね。「子どもを産まない女は悪」みたいに言われますが、年金生活者に比べれば税金を払っているし、子育てにかけない分のお金は消費に回している。経済を回しているのは誰なのか、という思いがあるじゃないですか。

「それぞれの役割があるよね」となればいいんですが、結局、みんな争って正義の快感を得たいのだなとしか……。

荒川 そう、得たい。それに、「自分たちが正しいんだから私を支持してね」というノリがあるんだと思うんです。支持されないと、自分たちの数が少なくなってしまうから。

中野 数を増やし、絆の中で安心したい、と。

荒川 集団が小さくなることへの恐怖ですね。**その集団に帰属して安心感をずっと得ていた人は、集団がなくなることがすごく恐怖なんでしょう。**

中野 「国や集団のために自己犠牲的に行動する」、それは尊いことかもしれないけれど、個人の運命と集団の運命とは違う。一人の人間の重さを大切にする考え方と対置するとやはり、あまりにも**個人が共同体と同化しすぎているという印象を受ける**んですね。

その共同体の運命と自分の運命が重なり合うときは特に危険です。社会的排除の快感というものが起こりやすくなってしまう。いわば「非国民」とカテゴライズされてしまうような人に対して、石を投げることが正義になるんですよね。一人だけトクをし、贅沢をしているやつは叩かれて然るべきだ、と。

共同体と自我が同化している人にとっては、その共同体を失うことが最大の恐怖になるんです。「みんな」や「世間」というターム（用語）の実態が何なのかよくわからないのに、それを守るために命も捨てようということになってしまう。**目に見えない絆のほうが個人よりも上だという状態が現出してしまって、**その状態が国レベルで起こることを私は非常に恐れています。

一番守りたかったものほど崩壊してしまうという矛盾

荒川　今でも、ミニマムの単位でそれが起きていますよ。ミニマムの単位とは家族で、その家族は、家族以外は誰も頼れないとますます思い込んでいる。

中野　ああ、そういう感覚があるんですね。

荒川　家族を一つの国だと考えると、たった3人の家族――核家族の最小単位がもはや国であって、この人たち以外は誰も頼れない。ほかの人は全員敵みたいなところに追い込まれているように感じます。

結局、行政も助けてくれないし、家事育児を手伝ってくれるおじいちゃん、おばあちゃんもいないわけですよ。そうなってくると、この3人で何とか生きていかなきゃいけない、と。そうなればなるほど、逆にもう生きていけないですよね。

中野　息苦しいですね。

荒川　それで何が起きるかというと、内輪もめが起きるだけです。夫婦なら、「あなたは家事やってないじゃない！」という内輪もめが起きて、離婚する。

中野　一番大事にしたかったはずのものが……。

荒川　そう。**本当は一番守りたかったもの、すごく大切に思っていたはずのものが、大切に思えば思うほど崩壊するんですよ。**

中野　なるほど、そういうことはありますよね。家族もそうですし、地域共同体とか、学校とか、いろいろな集団に適用できる考え方なのかなと思います。

荒川　そうです。そういうふうに閉じれば閉じるほど、大切なものを守れるって思いがちなんですよね。

中野　勘違いしちゃうんですね。

荒川　城壁を閉じればここは安全なんだと思い込むんですが、本当は城壁を閉じると、そこで死んでしまうんですよ。

中野　確かに。なんだかすごいですよね。リソースとは、食料とか目に見えるものだけだと思っているけれど、実は「心的リソース」というものがあって、これが枯渇してくると、私たちも絆による安心感を消費するとでもいうか。すると、温かいものであったはずの絆が、互いの行動を監視し、束縛し合うものに変質してしまう。

荒川　**絆って、結局は鎖ですよね。**

中野　そう、そんな感じですね。**絆を個人よりも優先しはじめると、個人としての価値がどんどん下がっていってしまう。**その反動で、絆をブチッと切るようなことが起きるんだと思います。

実は「同調圧力」が強いアメリカ――人とつながれないと落伍者になる国

荒川　個人より集団（共同体）が優先される――それは同調圧力が強いといわれる日本ならではの現象に見えます。でも、**実は同調圧力ってアメリカ人のほうが日本人より強いん**ですよ。

図25は日米中韓の高校生の国際比較調査ですが、「友だちに合わせていないと心配にな

る」の比率が、東アジア3か国はみんな3割ぐらいなのに、アメリカ人だけ高くて、男子5割、女子は6割を超えています。

中野　日本人よりも圧力を強く感じているということでしょうか。本当は一人でいたいという欲求があるところに同調圧力が強くあると、より相対的に強く感じられるのかな。なんなら一人でトイレに行ってランチするのもまったく苦にならないけれども、音楽祭とか体育祭があると嫌だなと感じる、ということなのか。

荒川　アメリカの高校生は、卒業パーティー（プロム）でカップルになってダンスしたりしますよね。**意外とアメリカのほうが一人でいることを許さない社会**なのではないかと。

中野　アメリカは、確かにそういう習慣や文化がありますね。ホームパーティーもそうですけど、結局はネットワーキングの社会ですよね。そもそも、**人とつながれないと落伍者になる国**ともいえます。

だから、ハーバード大学のようなアイビーリーグ（アメリカの名門私大8校の総称）に行くのも、自分の学歴を示したいのもあるでしょうが、そのソサエティに入るということが非常に大事で、ソサエティに入らない人が落伍していく。そういう怖さがあるんでしょう。

図25　友だちに合わせていないと心配になる

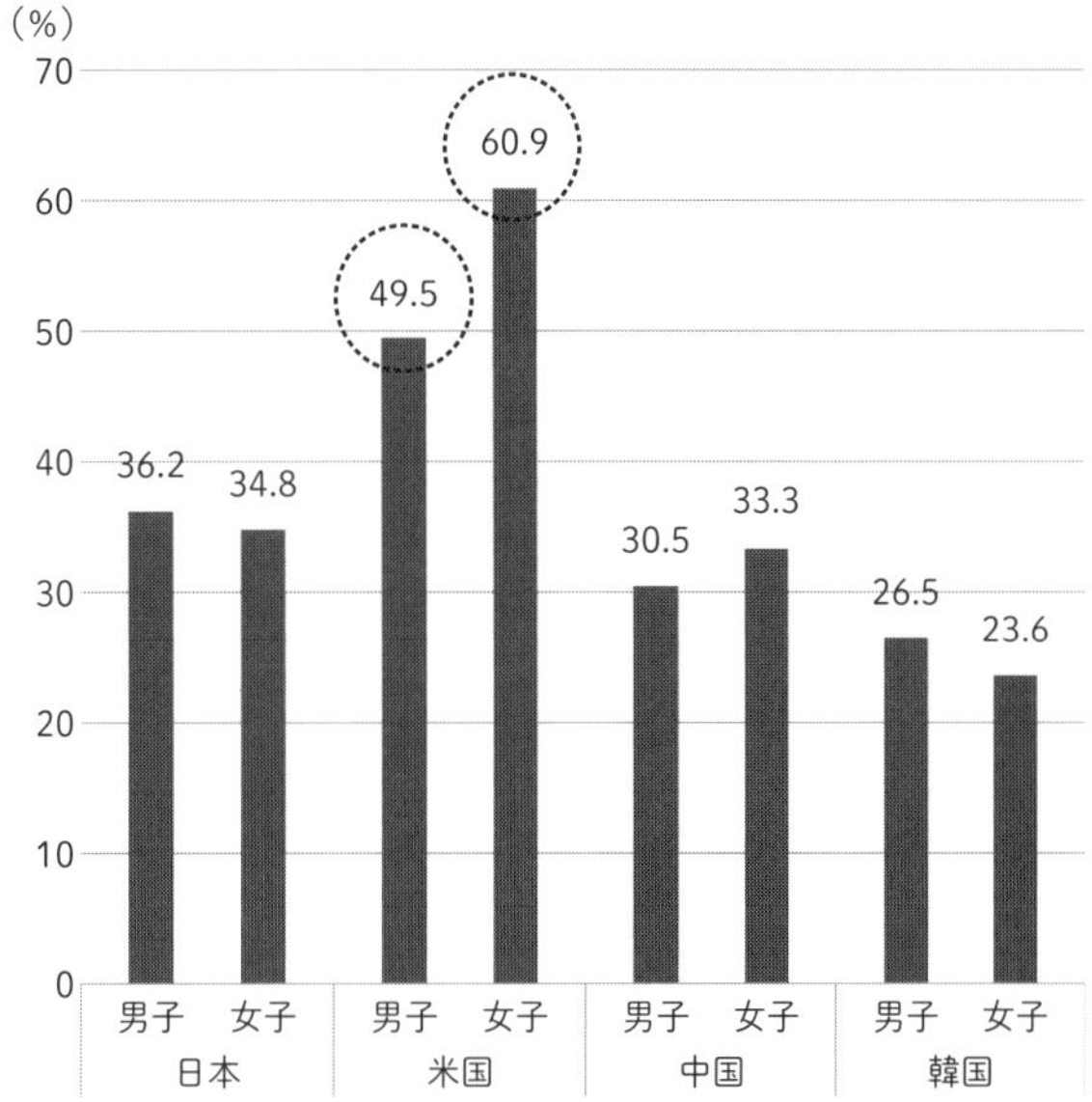

平成30年国立青少年教育振興機構「高校生の心と体の健康に関する意識調査―日本・米国・中国・韓国の比較―」より荒川和久作成。

単なる同調圧力以上の、その社会経済システムに自分が入れないことへの不安というのも大きいと思います。

荒川　前にも触れましたが、こういうものを国際的にきちんと調査してほしいと思うんですよ。

　これ自体がステレオタイプですが、**日本人は集団主義で欧米人は個人主義だといわれているけれど、本当はどうなのか**という疑問が僕にはあるんです。意外と、そんなに変わらないんじゃないか、と思っています。

中野　日本人が欧米人に比べてソロ飯に抵抗がないのは確かにそうですね。

荒川　全然抵抗ないですし、一人の生活も寂しくない人が多い。

中野　寂しくないですね。私は一人でいるのが好きです。

荒川　いや、中野さんは既婚者だから、本当は寂しいはずなんですよ。

中野　あれ、おかしいですね（笑）。

荒川　「ガチソロ」は寂しくないですが、既婚者は寂しいと思う割合が高いです。これは、自分の状態や立場を肯定したいという気持ちがあるんじゃないですかね。家族でごはんを食べていることを肯定したいから、一人の生活は寂しいはずだと思う、と。

たぶん、普段から一人でごはんを食べている既婚者だったら寂しくないと答えると思うんですよ。行動の肯定ですから。

中野　なるほど。私のところは予定が合うとき以外は、それぞれ好きなものを好きなタイミングで食べていますね。これも、世界で調査してほしいですね。

個人より社会が優先される欧米、江戸時代からソロ文化の日本

荒川　第2章でもお話ししましたが、よく海外からの取材でソロ飯の話をすると、「それはかわいそうに」と同情されるんです。食事はみんなと一緒に食べるものであって、一人でごはんを食べるというのは、本人の求めたことではないのだ、だからかわいそう、という思考になるんですね。自ら望んで一人で食べる選択をしている、とは考えてもらえない。

中野　確かに、私がフランスでの留学・ポスドク時代に日本と違うなと思ったことがあるんです。パリでちょっといいレストランに行こうと思うと、一人ではものすごく入りづらいんですね。

だから、食べに行くための男友だちをつくっていたんですよ。店側にカップルと思って

もらえるような。別にその人とつき合ってはいないんですが、そういう友だちをつくらないと、いいレストランに行けないんです。

荒川　今でも、高級レストランは一人で入れないですよ。それもおかしいと思いますが。

中野　差別されていますよね。ソロ差別がある。

荒川　ソロ飯なんて話題にもならない頃から、日本のおじさんたちは一人でメシを食っていたんですよ。赤ちょうちんとか焼肉屋で一人で食っているおじさんはいましたから。

中野　確かに。欧米の社会のほうがパートナーシップとか家族で食べるということを重要視していて、一人で食事するというのは日本ならではだな、と思ったことがあります。スーパーに食べ物を買いに行っても、一人用のパッケージングがされていますし、日本はものすごく進んでいますよね。

　フランスのスーパーに一人用のパッケージなんかなかったですよ。そもそもコンビニがなくて、タバ（TABAC・タバコ屋）しかない。サンドイッチ屋とクレープ屋、あとパティスリーぐらいです。

荒川　**日本で進化した個の消費形態のためのパッケージングって、これから全世界を席巻するような気がしています。**かつては日本も、スーパーの売り方は家族向けでしたよね。

肉も家族用の4人前ぐらいの分量がパッケージングされていた。でも今は、少量パックが増えてきています。

中野　確かに。クックパッドのレシピも、4人前から2人前になってきていますね。

荒川　そうそう。結局、ソロにとっては4人前を買ったところで、3人前は腐らせるだけなんですよ。1食分食べたら忘れてしまって、残りの肉が冷蔵庫の奥から出てきたり。けっこう無駄にしていますよね。

それなら、一人でそのとき消費する分だけを買う。売る側もその分だけを売る――そういう形態のサービスがあってもいい、というのは、欧米人からするとけっこう目からウロコが落ちるような感覚なんですって。「一人（ソロ）がいるんだから一人用のものを売る」という発想がないんですよ。

要は、**個人があって社会があるのではなくて、社会があって社会の構成員としての個人があるっていう考え方だから。**

中野　それは興味深い。日本のほうが進んでいるんですね。

荒川　進んでいるというより、江戸時代に戻っただけなんですね。もともと、スーパーマーケットという文化が欧米文化なんですよ。つまり、大量生産、大量消費。

中野　これはとても面白い。自分の先祖は江戸に住んでいました（日本橋）。一人が好きな家系なのかな。

荒川　もともと江戸時代の商売は、自分が食べるだけの細かい分量を量り売りで、一人分だけ買うという、個対個の消費だったんです。コンビニ的な売り方ですよね。コンビニはもともとアメリカから来た業態ですが、日本において日本的に進化した。

58ページでもふれましたが、**コンビニは完全に「個の消費」の場**なんです。クリスマスケーキでさえ、一人前が売っていますからね。

中野　コンビニがきわめて重要なライフラインになっているというのも理由があることなんですね。個に特化している業態が、人間の都市生活をほぼ支えているわけですね。

ソロ化と集団化の境界は、状況によって変化する

中野　コンビニが代表例ですが、社会のインフラがどんどん整っていけばいくほど、ソロ化が進むように見えますね。第2章でもお話ししたように、**人間は常にソロ（一人）への志向はある**んですよ。そもそも、生物がそういう志向があるというか。

それでも集団にならなければいけない理由は何かというと、**一人では立ち向かえない事態があったときに集団であることのメリットが発揮される**からです。外敵がいる、自然災害があるといった危機的状況では集団志向が強くなります。

危機的な状態では、人間は絆を結ぼうとするんですよね。利他的な側面が非常に強くなって、利他的でない人を攻撃するという行動が取られる。

荒川　大地震のときもそうですよね。

中野　そうです。危機的状況のときは集団心理的になるけれども、一人でも生きていける安心な状況になると、途端にみんな一人でいようとするんですよね。

この傾向が誰にでも一様にあるとすると、**今まで国や地域によって個人主義的・集団主義的な国民性や民族性があるといわれてきましたが、地理条件とか環境条件を変えるだけで、実は任意に変えられるんじゃないか**という仮説を、私は持っています。**自然災害が多ければ集団主義的になって、安全なときは個人主義的になる**、と。

そこで、たとえば感染症のリスクの高い地域では、「ソーシャルディスタンス戦略」（社会的距離戦略）をオートマティックに行えるような人がより適応的になるのではないか。要するに、感染症のある社会では、個人主義的な傾向を持つ人がより生き残れるのではないか、と思うんですね。これも仮説ですが。

ヨーロッパは個人主義といわれますが、きれいな水が手に入りにくい地域ということもあり、衛生にかかるコストが高い。感染症に弱い環境条件を持っているんです。彼らは空気を読まないとか、みんなに合わせないとか、ルールに従わないといわれますが、これはすべて個人主義的な傾向です。そういう個人主義的な人たちでないと生き残ってこられなかったのではないか。

14世紀に大流行したペストで人口の3分の1ぐらいが死亡していますし、地震や台風がたくさんある日本とはだいぶ違う条件でふるいにかけられるということが何百年か、何千年か続いたわけで、集団の性質が違ってくるのも腑に落ちるな、と思ったんですね。

荒川　イタリアは新型コロナウイルスの被害がすごいことになっていましたよね。いわゆるイタリア人らしい、つまりコミュニケーション力が高くてリア充で、ウェーイって言ってみんなで集まるタイプの人たちに被害が拡大していく。

一方、元から部屋に引きこもっている人はそもそも人と接しないから、感染もしない。

中野　このコロナ禍では、そういう人が生き延びるのかもしれません。基本は個人主義がベースにあり、いざとなれば協働するという社会ですと、一時のコミュ力でしのぐ性質というのが好適なのかもしれません。

一方、いざとなればどころか**常に協働の必須な条件下では、潜在的に孤独への欲求が生まれる。**イタリア人と結婚され、イタリア在住経験もあるヤマザキマリさんと共著書で語らいましたが、日本とイタリアは対照的なところがありそうです。

そしてそれは、国とか民族で決まるのではなく、単に地理条件が規定していると仮定すると自然に説明がつく。

心の尺度をどう測るかという難題

荒川　たしかに、状況に応じて変わるのであれば、集団主義か個人主義か、というのは国民性では割り切れない話なのかもしれません。

ただ、日本人は集団主義だと、みんななんとなく思っていますよね。実際、「日本人は集団主義か個人主義か」と聞くと、ほぼ7～8割の日本人は「集団主義」と答えるんですよ。でも、「あなた自身は集団主義か個人主義か」と聞くと、ほぼ5割くらいが「自分は個人主義」と答えます。

ということは、「いったい集団主義の日本人はどこにいるんだ?」と思うわけです。みんな自分は個人主義だと思っているのに、日本人全体は集団主義だと思っている、と。

中野　集団主義と個人主義の定義が、そもそも標準化されているんですかね。定義自体が人によってかなり違いそうで、実は評価が難しいのでは、と思います。

「日本人は集団主義ではない」と否定する研究を見たことがありますが、集団主義かどうかを判定するやり方は、少なくとも定量的(物事を数値や数量に着目してとらえること)であるべきだと思います。個人主義か集団主義かが定性的(物事を数値化できない部分に着目し、とらえること)に判定されるのでは、どこに自分を置けばいいのかも、もはやわからないでしょう。

たとえば、「自分は太っていると思いますか?」という基準は、非常に曖昧ですよね。私は今、BMIがちょうど22くらいで(BMI[Body Mass Index]とは体重を身長の2乗で割った数値。22が基準値で、18・5~24・9が「普通」)、これでも「太っている」と言う人はいると思うんですよ。

そうすると、どこで線引きをするかによって「日本人の8割は太っている」と言えてしまう。けれども、「自分は違う、太ってはいない!」と主張する人も出てくるでしょう。

自己イメージと標準化された基準が違ったら、なかなか言いにくい尺度だなと思いますよね。

荒川　普遍的に、そういう尺度とか定義って必要なんですかね。個人によって違ったりしますから。

中野　そうです。非常に難しいですよね。**幸福の尺度というものも難しい。**

荒川　絶対尺度はないんじゃないかと思います。

中野　本当に。ただ、絶対尺度はないのだけれども、ないところに何とか測れるメジャーを導入しようとするのが、科学のやり方ですよね。幸福度は非常に測りにくいし、文化間の差も大きいのですが、いま知られている尺度としては、たとえば気持ちがブルーでないとか、ストレスを感じていないとか、生活満足度などがあります。

一般的な方法としては、1から7まで点数をつけさせる。真ん中、どちらでもないというのが4点。こういう尺度を使って、アンケート調査で顕在的に感じている感情を測るというやり方です。

ただし、アンケートだから、みんな嘘をつく可能性があるんですよ。誰かに見られると思って、無意識に本心を隠してしまう人もいるかもしれない。

本当は、そんなふうに体裁を気にしたり遠慮したりするようなプロセスなしに、測りたいですよね。「自分は太っていると思います」と口では言っていても、「実際にはこれくらいがセクシーでちょうどいいよね」と本心では思っているかもしれませんし、「ちょうどいいよね」という感覚がなかなか言葉に出しては言いにくかったりもする。

もし、それを測れる方法があるとしたら知りたいですよね。脳科学でニューロマーケティング（脳科学の知識をマーケティングに応用した技術）などが流行りはじめた当初は、それが可能になるかもしれないということで期待が集まりました。でも、ニューロマーケティングなんて、実験室と売り場とで、結果がまったく違ってもおかしくない。それで、ずれた結果が出てしまうということなどから、今はニューロマーケティングに対する幻滅フェーズにありますね。

認知負荷が高い状態を避けたがる「要はおじさん」

荒川　なるほど（笑）。その種の学術的な内容を、ＳＮＳでいろいろな研究者がつぶやいていますよね。すると、即座に一般ユーザーから「それに対しては、こうも考えられる」

という重箱の隅をつつくような攻撃をする人が出てきます。

それは当然、学者の先生も考えているんですが、少ない文字数で言うことが限られているなかでは、全部説明しきれません。素人が専門家の揚げ足取りをする行動はいったい何なのか、と考えているんですが……。

中野　研究者も学会で発表すればいいのに、どうしてわざわざツイッターでやるんですかね、と思いますが（笑）。

荒川　脊髄《せきずい》反射的にしか言葉を発することができず、うまくコミュニケーションを取れないような人って、かなり多いんじゃないかなと思っています。

中野　おそらく、**認知負荷が高い状態を避けたがる**んですね。**一つの問題を長くじっくり考えることには、頭の体力が必要で、負荷も高い**んです。ロジックを説明するのに、一段階ジャンプしたらもうついてこられない、とか。

荒川　例として合っているかどうかわからないですが、口癖のように「要は」というおじさんとかいますよね。話を聞くと、全然「要は」になっていないんですが。

中野　ああ、「要はおじさん」（笑）。

荒川　「要は、こういうことなの?」と。「いや、そういうことじゃないよ」みたいな。すぐまとめたがる人っているじゃないですか。

中野　そうですね。離乳食のように消化しやすい簡単な形にしないと僕には理解不可能です、ということなのか……。

荒川　わかるところだけをまとめて、「そういうことにしておいてほしい」ということなんだと思うんです。

話が飛ぶようですが、今の「要はおじさん」で、思い出したことがあります。第1章でソロ男（独身男性）は外食費が高いという話をしました。といっても、別に高価な食べ物にお金をかけているのではなく、刺激的な、わかりやすい食べ物というか……。

中野　ジャンクフード？

荒川　もっと言うと、**摂取したら瞬間的に快楽を得られるような食べ物**です。

中野　なるほど、癒やすために食べるんですね。

荒川　そうそう。瞬間的にこないとダメ。要するに、うまみとかではなく、甘味とか辛味が欲しいわけです。

中野　ガツンとくる味ですね。

荒川　そういうのにお金を割いていると、別に安価でもいいんですよね。

コンビニの棚を見ればわかりますが、お菓子の棚とかチョコレートの棚って絶対に減らないじゃないですか。あれは、男が買っているからですよ。

中野　なるほど、傾向が可視化されているんですね。

荒川　店の中の棚面積は、チョコも減らない、スナック菓子も減らない、カップ麺も減らないんですよ。

中野　結局、ガツンとくる、わかりやすい味に偏っていく。シェフの人が本当のおいしさを知らないよね、と嘆いたりしますね。「うまみ」がわからなかったり。

荒川　アメリカのすし屋が、何でもアボカド入れておけばいい、となってしまうのは、そういう理由じゃないか、と。

中野　そうそう。アボカドサーモンでしょ。

荒川　サーモンなんか本当はすしネタじゃないのに、いま新宿とかのキャバ嬢は、サーモンのすししか食べないんですって。トロじゃなくて（笑）。

中野　コハダ食べなさいよ……。

荒川　なんか味が薄く感じるんでしょうね（笑）、白身の魚とかも。でも、彼らにとってはわかりやすいから、それが正しい味なんですよ。

ちょっと脇道にそれましたが、これってわかりやすさに飛びつく「要はおじさん」と同様に説明できそうな気がします。

思考停止につながる「わかりやすさ至上主義」

中野　なるほど。「ファミリアリティー」でも説明がつきますね。「ファミリアリティーのある味」とか。ファミリア（familiar）は自分に親近性が高いという意味で、ファミリアリティー（familiarity）は親近感とかわかりやすさです。

これは味だけでなく、ルールや見知った顔についても言えます。つまり、**見慣れたものにはみんな好感を持つ**んですよ。

同じ刺激を1回目に与えたときは、10ぐらいの強さの反応をする。2回目のときの反応は6ぐらいで、3回目のときの反応は4ぐらい、というふうに回数を重ねるごとに反応が減っていくんです。

反応する喜びは、回数を重ねると得られなくなっていきます。ただ、これは循環が起きているため、**頻回の刺激を与えられるときには認知負荷が少ないことが好感につながる**んです。時代劇でおきまりのシーンが出てくると安心するというようなことです。

好感につながるのは、抵抗が少ないから。抵抗が多いと警戒もするんですよね。たとえば、初めて食べるものを「これは食べて大丈夫かな」と警戒するわけです。

この負荷（抵抗）が、「認知負荷」です。「要はおじさん」で説明したとおり、**じっくり考えることは頭の体力を使う負荷となりますから、見慣れているもの、わかりやすいものは負荷が小さい。**認知負荷が小さければ、好ましく感じるという流れです。

ちなみに、**認知負荷が小さい顔を私たちは美しいと思う**んですよね。見たことのある平均顔が美しいとされるのはそのためでしょう。

平均顔のほうが見慣れた顔。見慣れているすべての人の顔に近いので好ましいとなるわけですね。もちろん、そこから逸脱している個性的な顔もありますが、個性的な顔ではあっても美人ではないと判断される。

この逸脱度が認知負荷の高さに一致していると考えると、**味もわかりやすい味、ルールもわかりやすい正義、顔もわかりやすい平均顔が支持される**わけですよね。これを**「順化のメカニズム」**といいます。

もう1つ、**新しい刺激を求めるのが「新奇探索のメカニズム」で、この2つのメカニズ**

ムは背反する形で存在しますが、どこのポイントで2つのバランスが取れるかというのは、その社会によって変わってきます。「こちら側はより安全、あちら側はよりチャレンジング」というように。世代によって顔の好みが少しずつ変わるのも、このあたりでズレが生じるためかもしれません。

より認知負荷の低い方向、ファミリアリティーが高い方向を好むのが保守的な方向といえるでしょう。一方で、新奇探索傾向が高い人はより新しいチャレンジを好む。日本の社会でいうと、ひょっとしたら今の40代の人たちが最も新奇探索傾向が高いのかもしれませんね。

荒川　保守的な、つまりわかりやすさを求める人たちも、最初は冒険したんじゃないんですかね。

中野　人生という長いスパンで見れば、そういう変化もあると思います。**10代から20代前半ぐらいは、その人の人生の中で最も新奇探索傾向が高い**といわれるので。

ただ、若い時期はその人の人生の中では新奇探索傾向は高いといえるけれど、現代の日本社会ではほかの世代と比べると低いようですね。これは、生育環境の変化が大きく影響していると考えられるのではないでしょうか。

荒川　同じような意味合いで言えば、「安心」というのも認知負荷の小ささを表していますよね。

中野　安心。そうですね。

荒川　何も変わらないことが安心だったりしますから。**安心を求めると、結局、リスクも求めなくなる。**

中野　安心イコール、「変わらなさ、見知っている」ことですね。

荒川　この「見慣れた顔は好ましい」という心理を使って自己肯定感を上げる方法が、第3章でお話しした「90日間自撮りチャレンジ」だったんです。

第6章
自分とは何か——一人の人間の多様性

自分とは何か？　性別や属性、職業にまつわるステレオタイプに縛られない多様な自分を認めることで、個人がもっと自由に生きられるようになるのではないか、ということについて考えます。

「ステレオタイプ脅威」を払拭するのは至難の業

荒川　第5章で「ステレオタイプ脅威」の怖さをお伝えしましたが、世間一般ではいまだに「女性は直感で選ぶ、男性は理屈で選ぶ」といわれます。これも「ステレオタイプ」ですよね。

中野　これ、本当は逆じゃないかと思うんですが……。

荒川　次の図26のように、男女それぞれステレオタイプがありますよね。「男は寡黙で地図が読めて、女はおしゃべりで地図を読めない」とか。僕が言うのもなんですが、よくしゃべる男なんてたくさんいます。

中野　おしゃべりな男性って、けっこういますよね。

荒川　男性はよくしゃべりますよ。逆に、みんな「俺にしゃべらせろ」と言うんですよね。

図26　男女の性格に関するステレオタイプ

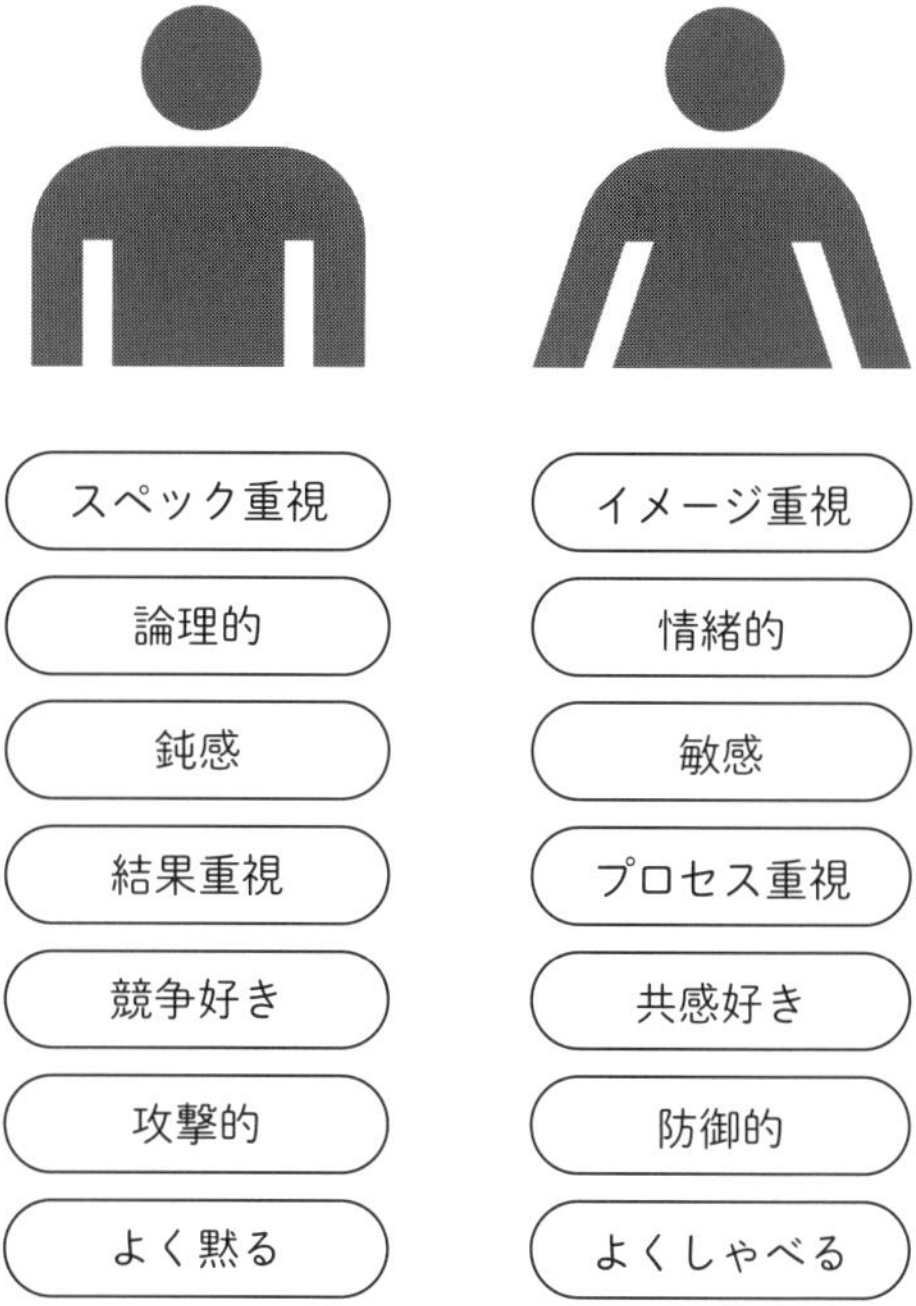

中野　「俺の話を聞け」という感じですよね。

荒川　まさに、「俺の話を聞け」です。

中野　たとえば職人さんは寡黙な印象がありますが、技術のことになると、けっこうしゃべりますすね。

荒川　そうなんですよ、実際には違うんです。でも、こうやって「男は△△、女は〇〇」って分けて見せると、「あるある、そうだそうだ」ってほとんどの人が思ってしまうんです。

中野　うーん。実際にはロマンティックでガラスのハートを持つ、恋愛重視の男性が「論理的」とされているわけですか……。

荒川　血液型性格診断と一緒ですよ。「血液型は性格とは関係ない」と何回言われてもみんな信じているように、**このステレオタイプを払拭するのは至難の業**なんだと思います。

中野　私もステレオタイプを払拭することはだんだんあきらめてきていて、ステレオタイプのとおりに誘導したほうが得するんじゃないかな、と思いはじめています……。

目の前にある現金1000万円を総取りするか、分け合うか

荒川　「理屈の男」と「感情の女」――このような対比的なステレオタイプって常につきまといますね。ではここで、ある思考実験の話をしましょう。

目の前に、現金が1000万円あります。あなたと見ず知らずの誰かと二人で、その1000万円を分け合います。選択肢は、次の2つです。

A　500万円を選ぶ（＝二人で500万円ずつ分け合う）
B　1000万円総取りを選ぶ（＝自分だけで1000万円全額をもらう）

繰り返しますが、相手は見ず知らずの赤の他人です。図にすると、次のようになります（図27）。

条件があって、あなたが500万円を選んで、相手も500万円を選んだら、二人とも仲良く500万円ずつもらえます。

一方、あなたが500万円を選んでも、相手が1000万円総取りを選んだら、あなたは1円ももらえず、相手だけ1000万円をもらえます。

逆に、あなたが1000万円総取りを選んで、相手が500万円ずつ分け合うことを選んだら、あなただけ1000万円もらえます。二人とも1000万円を選んだら、二人とも0円です。

要するに、選択肢は2つだけです。500万円（分け合う）か、1000万円（総取り）か。中野さんはどちらですか？

中野　1000万円のほうですね。

「1000万円総取り」を選ぶのは、理屈で動く人

荒川　実はこの思考実験では、**既婚女性だけ500万円を選ぶ人が多くて、ソロ男・ソロ女・既婚男性は1000万円を選ぶ人がちょっとだけ多い**んです。

中野　あれ？　私、結婚しているのに。

荒川　いや、どう考えても中野さんの価値観は、「ガチソロ」のほうですよね（笑）。

経済学的に言えば、500万円を選ぶと、期待値は500万円 or 0円ですから、250万円じゃないですか。1000万円を選ぶと、1000万円 or 0円だから、期待値は500

図27　1,000万円を総取りか、分け合うか？

		相手	
		500 万円	1,000 万円
あなた	500 万円	二人とも 500万円	相手だけ 1,000万円
	1,000 万円	あなただけ 1,000万円	二人とも 0円

0万円。つまり、1000万円を選んだほうが絶対に得なんですよ。

中野 そう思います。

荒川 では、なぜ500万円を選ぶかというと、「500万円にしておいたほうがいいんじゃないかな？」という考え方に基づいています。でも、見ず知らずの相手ですよ。普通は1000万円を選ぶんです。

中野 普通は1000万円ですよね？

荒川 でも、既婚女性だけは7割の人が500万円のほうを選ぶんですよ。ところが、**相手が自分の知っている人になると、既婚男女もソロ男女も9割から10割が500万円を選びます。**

中野 ああ、なるほど。知っている人ならね。嫌なやつだと思われたくないですから。

荒川 そう。見ず知らずの人なら、どう思われても関係ないですよね。だから、1000万円を総取りするほうが合理的なんです。

中野 うーん。論理的に考えれば、1000万円を選びますよね……。

ステレオタイプではひとくくりにはできない

荒川　なぜこんな話をしたのかというと、**1000万円総取りを選ぶ人は、理屈で動いている人**なんですよ。

「私は感情で動くタイプです」と常々言っているのに、本当は1000万円を選ぶのなら、日常生活の判断基準として理屈・ロジックを重視しているということじゃないですか。こんなふうにステレオタイプから外れていることはかなり多いんです。

この思考実験は、言っていることとやっていることが違う、と明らかにするのに面白いなと思っています。

このようなステレオタイプは非常に安易ですから、男と女は違うよね、という単純な話にはしたくないと思っているんです。一人の人間の中にいろいろな面がある。**一人の人間の中に男性性も女性性もあるし、父性もあるし母性も存在する。**

中野　ライフステージによっても変わりますしね。

荒川　あと、上司に相対するときの自分と、部下と相対するときの自分と、好きな人に相対するときの自分とは、全然違うじゃないですか。

中野　そうですね。それに関して言えば、**使う言語によってペルソナ（外的側面、周囲の**

人に見せる自分）が変わる、という興味深い研究があります。日本語を話しているときは謙虚な人も、英語を話しているときはすごく熱いネゴシエーターになったりする。

なぜみんな、「スタバでMac」なのか？

荒川　「会社にいる自分、家にいる自分」というような切り替えが大事ですよね。会社にいるときにはちゃんとした人間でも、家にいるとだらしないやつになっても別にいいじゃないですか。

でも、「俺は家にいても、道を歩いていても、会社にいても同じなんだ」とこだわって、終始一貫した自分でなければいけないと思い込んで窮屈になってしまっている若い人が、すごく多い印象を受けるんですよね。

中野　具体的にはどういう様子なんですか？

荒川　結局、**セルフブランディングしなければいけない、自分を確立しなければいけないと思い込んでいる人が多い**んですよ。

極端な言い方ですが、「自分はこういう仕事の仕方をして、こういう服を着て、こう歩かなきゃいけない」と。特に、意識高い系の人たちがとらわれすぎている。

中野　そうしないと経済的にダメージがあるとか、彼らはそういうふうに思っているんでしょうか？

荒川　そうではなくて、**「行動を習慣化することによって人格がつくられる、自己が確立される」という考え方の一環**だと思うんです。だから、すべての行動を目指すべき自己像に合わせていかないと、そういう人間になれない、と。それで実践しているんだと思うんですけど。

中野　なんでしょう。無意識に避けてしまうのか、私の周りにはあまりいないかも。常に同じ服装をしていたスティーブ・ジョブズ教みたいなものですか。

荒川　わからないんですが、「意識高い系」教みたいなものです。そうした意識は、あながち悪いものではないんですが、「唯一無二の自分」にとらわれすぎていて、逆に窮屈になっている。

中野　興味深いですね。そういうふうにやる人ほど、結局は似通ってくる。

荒川　そう。格好がみんな同じなんですよ。

中野　「スタバでMac」でしょ。なぜ形から入るのか不思議でした。Panasonicでもいいじゃん、と思いますが。

荒川　形から入るのは全然いいのですが、形だけで満足してしまうのはちょっと違うのかなと。**唯一無二を確立しようとした結果、同じような人間が大量生産されているん**ですよ。

中野　すごく面白い（笑）。個性を主張しているのだけれど、その主張そのものが似通った同じもののようになってしまうんですね。

荒川　「おまえ、全然唯一無二じゃないじゃん」と。

中野　かえって、代えがきく存在になってしまう。

荒川　窮屈になっているなと思うのは、他者と会っても自分をちっとも解放できないばかりか、他人の目に依存してしまう。

つまり、**「真面目で優秀な自分」だけで終始一貫してしまうと、だらしない自分や弱気な自分を他者に開示できない。**

中野　そうか、なるほど。それもやはり大きい意味で、**自分の意思より他者の意思を優先しているということですね。**

荒川　はい。「○○であらねばならない」「××すべきである」と思い込みすぎている。

中野　素直で学習能力は高いと思いますが、個人の意思をすぐ手放してしまうのは心もとないですね。もったいないです。

荒川　でも、そういう人は多いと思いますよ。無意識でもそうなっている。

中野　それもちょっと、ステレオタイプに通じるところがあるように感じます。

個性を求めると、かえって人と同じになってしまう？

荒川　そうそう。結果論だと思うんですが、みんな似通ってしまっている。

ＩＴ系やクリエイティブ系の会社だと、若い人はみんなＴシャツ着て、丸刈りにして黒ぶち眼鏡かけて、ほぼ同じような格好をしています。ダーッと並んだらみんな一緒なんですよ。

中野　制服のようですね。

荒川　自分たちは、昔の高度経済成長期のスーツおじさんをさんざんあざわらっていたのに、結局一緒じゃん、と思いますね。

中野　風刺的なカルチャーもありましたね。ＹＭＯの『増殖』というＣＤのジャケットを思い出します。

荒川　同じ人形が並んでいるジャケットですね。まさにそうです。だから、本当に何一つ変わっていないなと思うわけですよ。「24時間戦えますか」時代のサラリーマンがみんな同じスーツを着て、同じように通勤電車で会社に行くのを笑っていたかもしれないけど、今のきみたちも一緒だよ、という。

中野　確かに。口では個性や自分の独自のセールスポイントをアピールするのに、リクルートスーツなんてみんな一緒ですしね。

荒川　何も変わらない。**多様性とか言いながら、統一性、標準性に舵を切ってしまっている。**

中野　私、以前まさにそれと同じ議論をしたことがあります。議論したのはちょっと昔の話なので、もはや懐かしいカルチャーですが、コギャルについてです。

私は、一応は同世代だったんですが、**誰もが個性とか「自分のやりたいことをやるんだ」と言っていたわりには、みんな眉を細くしてミニスカートにルーズソックスだった。**

「それは本当に個性なのか」という議論もあったんですよね。いや、それは個性とは言わないでしょ、テンプレートに自分をはめているだけでしょ、という。**「個性が大事」だというその言葉すら、テンプレートに聞こえてしまう。**それを素直に、疑いなく自分のものとして採用してしまうんですよね。

荒川　いくら終始一貫した自分を確立して、唯一無二の自分になろうとしても、実際には真面目な自分もだらしない自分も弱気な自分も存在しますよね。**環境や場面、相手が変わることによって、同じ人間でも多面的な部分が出てくる**わけじゃないですか。こういう個々のアイデンティティのような話は西洋の考え方ですよね。

中野　そうですね。「アイデンティティ」に相当する日本語の単語がそもそもないですからね。

「自分とは何か」という問いと、一人の人間の中の多様性

荒川　そこのレベルがけっこう違うと思っています。日本人ってもともと、真ん中が空洞で（笑）、「中空構造」という言葉もありますが……。

僕は「人間にはコア（核）がある」とかという話を、10代の頃学校で、道徳か哲学で教わったときに、「真ん中にコアなんかないよな」と思ったんですよ。

中野　なるほど。少なくとも脳科学や認知科学には、長らく「自分って何？」という疑問

が存在しました。

「自分って何？」と突き詰めていくと、「前頭前野にあるんじゃないか？」というところまではいったんですが、「前頭前野のどこなの？」となったときに、「前頭前野のどこにもないんじゃ……？」と領域の同定ができなくなってしまう。

「自分とはなんぞや」ということになると、要するに、「自分」なんてそもそも存在しないのではないか。「自分」とは、オプションにすぎないんじゃないか。**いろいろな機能を統合するために、仮にそういう機能をつくってあるだけで、私たちが意識できるのはその仮の機能だけ。**そのコアなんて存在しないんです。

その仮の機能は非常に重要な感じがするかもしれないけれど、実は仮の足場とかプレハブみたいなものなのでは、という考え方ですよね。

荒川　「自分とはオプション」という考え方、いいですね。**自分の中に、自分というものがいっぱいあると考えられる人のほうが豊かな気がします。**

中野　そう思いますね。**「自分」はモザイク状にできている。**

荒川　「本当の俺は違う」「私はこれなんだ」と決めつけて、それだけにこだわっていると、自分の中にあるいろいろな自分と折り合いがつけられず、そのギャップにすごく苦しんだりする気がする。

中野　その意見に賛成ですね。

荒川　いろいろな自分がいっぱいいる。できる私もいるし、できない私もいて、それが私、みたいな。

中野　すばらしいですね。

荒川　このような**「一人の人間の中の多様性」というのは、たぶん禅の考え方**ですよね。

中野　そうかもしれませんね。そういう意味では、東洋思想のほうが進んでいる感がありますね。

荒川　禅のお坊さんと話すと、こういう言葉は使わず、「真ん中は空《くう》である」「無である」とか、難しいことを言うんです。

中野　本当は、こういうことを言いたいのかもしれませんよね。

荒川　そういうことなんでしょうね。「何もないようである」ということは、「何者でもあるんだよ」みたいな（笑）。

だから誰しも多面的なんですよね。さっきの父性・母性の話はもっと掘り下げていきたい部分ではあるんですが、「男・女」と分けるのではなく、みんな何％ずつか持っているわけです。時と場合、相手との関係性に応じて、「今は父性を90にしたほうがいい」とか、「ここは母性80にしておこう」と無意識に調整しているはずなんですよ。

中野　やっていますよね。

荒川　会社ですごくいばっていて父性バリバリな男が、家に帰って……。

中野　妻に頭が上がらない、みたいな。

荒川　そう。もしかしたら自分の子に赤ちゃん言葉で、「ただいまでしゅよ〜」とかやっているかもしれない。同じ人間がそういうことをやり分けているということに気づくことが大切です。

第2章の話に戻りますが、**周りの人に囲まれているのに寂しいと感じるのは、たぶん自分の中の自分が足りないから**なんです。

いろいろな場合において自分というものをいっぱい持っているんだと思えると、周りに人がいる・いないは関係なく、充実させるためにはどうすればいいんだろうと考えられるようになると思うんですよね。

第7章

世の中を動かす「感情主義」のメカニズム

個人や集団の怒りや憎しみをベースにした「感情主義」は、いまや政治やビジネスを動かす巨大な力となっています。誹謗《ひぼう》中傷が蔓延し、他人を叩く快感「シャーデンフロイデ」に取りつかれている社会の現状とその背景を読み解きます。

「感情主義」が政治やビジネスを動かす

荒川　考えてみると、「感情主義」は見過ごせない存在になっています。**政治や経済も感情、特に怒りで動いている状況です。**

ビジネスでも感情主義は非常に大事で、CMの表現に視聴者が怒って炎上すると商品が店頭から撤去されたり、CMをやめる羽目になったり、下手すれば株価も下がったりする。それって怒りに端を発しています。

ほんの一握りの人の怒りの導火線から、バーッと全体に広がってしまう。政治だと大問題になりますが、ビジネスではけっこうあるなと思うんですよね。

中野　なるほど、確かにそうですね。

荒川　「知ってる、知ってる」「好き、好き」。でも、買わない。

中野　何なんですかね。「ファンです」と言うわりに、私の名前を間違う人とかいますよ。

荒川　間違うんですね（笑）。

誹謗中傷がもはや「快楽」になっている？

荒川　感情主義は怒りや憎しみをベースにして動いています。最近、ネット上での誹謗中傷がすごく多いですよね。「嫌い」とか「ムカつく」と思った瞬間、相手の息の根が止まるまで叩き続けるじゃないですか。

そういう人はみな、「私は暴力を振るったり、殺したりなんてしていませんよ」と言いますが、**やっていることは心の殺人**だと思うわけです。

中野　本当にボロボロになるまで、社会的に殺すというところまでいきますよね。特に不倫事件にはそういう印象を受けます。タレントのベッキーさんなんてほぼ社会的に一度抹殺されている感じですもんね。俳優の東出昌大さんもそういう目にあってしまった。水泳選手の瀬戸大也さん、ひき逃げ事件を起こした俳優の伊藤健太郎さんへのバッシングも相当なものです。仕事を評価してあげればそれでいいと思いますが、いったん殺されたという状態をみんなが確認しない限り、収まらない。

荒川　ボロボロにして、本当に息の根を止めようとする。すごいですよね。ゴキブリが嫌いな女子って、「やだー、虫も殺せない」みたいな顔をしながら、残酷に殺しますよね。

中野　もはや怒りとすら呼べないのかもしれません。生理的な反応とでもいうか。

荒川　感情主義では、「ゴキブリが出てきたから殺しました。でも、それはしょうがないですよね」ということではなくて、ゴキブリが嫌いなはずなのに、毎日ゴキブリを探しに街に出ていって、「ほら、いた!」と言って叩き殺している感じがするんですよ。

中野　なんなら、普通の人にわざわざゴキブリの皮をかぶせて叩いている、という印象すら受けますね。つまり、何の落ち度もない人を叩く。

荒川　もう、**正義というよりも単なる快楽なんじゃないか**、と僕は思いはじめています。そうやって叩くこと自体が快感なんだと思うんです。

中野　そうですね。そっちの感情のほうが行動をドライブして(駆り立てて)いますね。完全にエンタメになっていると思います。

「不正をした人を罰したい」という感情は、生まれつき備わっている

荒川　たとえば、ある特定の人たちが「こんなひどいキャンペーンをやっています！」とアニメオタクを叩くケースとか。

見なきゃいいのにわざわざ検索したうえで、田舎のそういうポスターを見つけてくる。都会や目立つ場所でポスターが貼られているわけでもないのに、ものすごい執念で探してくるわけですよ。ただ、叩きたいがために。これも脳内物質の仕業なんですか？

中野　そうです。これは明らかに「ドーパミン」（神経伝達物質の一種で、やる気や意欲にかかわる）の効果ですよね。

このときに起きているのは、ルールを逸脱してちょっと得している人が失敗する姿を見たいという願望です。**人間には、ズルをしている人が制裁を受けるのを見たいという欲求があって、それが達成されるとドーパミン濃度が上がる**んです。

人間には子どもの頃からこの欲求があるという研究があります。5歳の子どもに、ゲームをやっている人たちを見せて、ルール違反をしている人を見せます。「この人、ルール違反したからよくないよね。罰ゲームがあるんだけど、それを見たい？」と聞くと、子どもは自分のトークン（コイン）を差し出すんですよ。5歳児でも、コストをかけてでも、その人が罰を受けるところを見たいということなんです。

見ず知らずの相手なのに、その人が不正をしたというだけで攻撃したいという欲求を、子どもですら持っている。大人が正義のためにとか理性的に考えてやっているわけではなくて、人間に生得的に備わった機能なのではないか、ということが示唆されています。この、**コストをかけてでもズルをしたやつを許さない、というのは社会性です。**

要するに、『週刊文春』を買いたいってことなんですよ。人が罰される姿を見ることが快感なので、そこに自分の時間や労力、お金をかける準備がすでに子どもの頃にあるんです。

荒川　叩くことが快感になっている。お金を払ってでもその快感を得たいというような話になると、非常に危険な世界になってきますが……。

中野　**ズルをした人を許さない、攻撃したいという欲望は、支払うコストより快感のほうが大きい**わけですね。その快感を、コストをかけて買っているんです。

荒川　子どもの頃から備わっているということは、別に何かの影響因子的なものがあるわけじゃないんですね？

中野　そういうわけではないと思います。

荒川　つまり、本能的なものということですね。

中野　そう、備えつけの仕組みとしてあるんです。なので、なくなりません。
もし後天的に学んだものなら、その条件を変えたらそういう攻撃や排除が起こらない社会をつくることができるかもしれないですが、生まれつき備わっているので、残念ながらなくならないでしょうね。
攻撃の度合いを弱めることはできると思いますが、「この人、やっぱりおかしいよね」という**攻撃のベクトルが特定の人物に向くこと自体を止めるのはほぼ不可能**だと思っています。

「叩くという快楽」にふける「正義中毒者」たち

荒川　さっき言ったように、不快な情報を自ら探してくる。わざわざ見たいんですね。

中野　そう、見たいんです。その欲求がものすごく大きいんです。

荒川　それも、ドーパミンの仕業なんですね。

中野　そうです。その快楽を得るために、ズルしている人が失敗する様子を見たいんです。

る。だから、不倫している人、要するに「叩いてもいいターゲット」をみんな必死で探している。

荒川　叩くという快楽のために、わざわざいったん不快になる。その不快になるレベルが高ければ高いほど、快楽の度合いが上がるから、また不快な情報を求めるわけですよ。それって、すごく不幸せな連鎖ですよね。

中野　落ち着いて見ると、かなり変ですよね。

荒川　結局、薬物依存症の人と変わらないですよね。

中野　そうそう、「正義依存症」ですね。

荒川　切れたらまた不快なものを注入しないと生きていけない。むしろ、**不快なものに依存しているということです。**

中野　結局、逸脱した人がいないとみんな困るんです。だから、残念ですがいじめによる自殺はなくならないと思います。

クラスの中でいじめられる人って順繰りに回っていくようなんですけど、当たり前ですがみんな均一ではなくて、みんながちょっとずつ平均からは逸脱しているから、その部分が標的になりますよね。「あいつ、ズボンがいつもこうだね」とか、「スカートが短いよね」

とか、「ちょっとだけかわいいからムカつく」とか。

そういう**些細な逸脱を探すから、誰もが標的になる。標的にした人をおとしめることによってみんなが快感を得て、それで集団の和が保たれるという村の構造**があるんですよ。

昔は巫女《みこ》とかいろんな人が、生贄《いけにえ》をつくっていたんですが、今は生贄がいないので、**誰もが生贄になりうる**んです。

荒川　だから逸脱した人を、「おまえは間違ってる！」と指摘して、「すみませんでした」と謝らせるのも快感だったりするわけですよ。相手を支配できたという感覚でしょう。

中野　そうそう。自己効力感ですね。

荒川　「俺がコントロールして相手を更生させた」という感覚。逸脱した人に「おまえ、間違ってるよね。謝って、こっち側に戻ってこい。で、俺の下に入れ」と。自分の支配下に置くことなので、ものすごく快感なわけですよ。

逆に、逸脱した人に「何がいけないんですか」と開き直られるのは、ものすごく不快なんです。

中野　そうです、そうです。炎上タレントみたいな。

荒川　「記者会見の態度が悪い！　じゃあ、あいつを叩け」となる。**まさに現代の魔女狩**

りです。中世ヨーロッパはそれで本当に殺されていましたが、今は本当には殺せないじゃないですか。だから社会的に抹殺しようとするんでしょうね。

他人を叩く快感――「シャーデンフロイデ」

荒川　他人を叩きたいという欲望は、さすがにどうなんだろうと思ってしまいますね。

中野　たぶん人間の本質なので、時代を経てもそんなに変わりません。つまり、やってしまうと思うんですが、意識的になることによって抑えることはできるかもしれませんね。

ただし、第6章の500万円と1000万円問題と同じで、**欲望を抑えている人と抑えていない人がいたら、抑えていない人のほうが勝つ。したがって、欲望を抑えるのは損だよねということになる。**

荒川　なるほど、そうですね。

中野　政治でも、アメリカでは4年前にトランプ大統領みたいな人が選ばれています。ヒラリー・クリントンのほうが抑えめですよね。そうすると、抑えていない人が得をしているように見えるし、そっちに乗ったほうが「気持ちいい」。その欲求に自覚的な人は、恥ずかしくなって乗るのをためらうでしょうけど、そっちのほうが「気持ちいい」ことはわかっている。で、この気持ちよさにうかうかと乗っている人たちに対して、「アンチ」の人たちが出てきてまた激しく攻撃する。

荒川　歴史的には、揺り戻しになったりしないんですかね。

中野　どうでしょうね。これはきわめて重大な、人間どうしの分断と対立を生む根源的な問題ですし、もっと丁寧に調べて論じる人が必要な領域だとは思うんですが、あまり体系立てて論じられていない印象がありますね。

荒川　**感情や欲求を抑えない人がターゲットを探して叩きまくるという流れがネットで可視化され、誰もが見られる状況になっているのはアウト**ですよね。昔はそういう流れが見えなかったものですが……。

中野　SNSのような、叩いてもいい人（標的）を見つけやすいツールができたことは、この流れと無縁ではないと思います。昔は標的を見つけるツールはテレビや新聞、週刊誌しかなかったですから。

それが、ネットというものが登場したことによって、検出が比較的容易になったし、なんなら冤罪《えんざい》も生まれてしまう。一般人が罪人をつくれるわけです。何の落ち度もない人を、

「こいつは、こんなことを言った」と攻撃する。

拡大解釈であることも承知の上で、**その人を攻撃したいがために、わざわざ誤った解釈をするということが起きる。**この流れはしばらく続くと思います。もっと悲観的な予測をすれば、かなり長い間続くんじゃないかと個人的には思うんです。

荒川 なるほど。こういうのは脳科学では何というんですか？

中野 これこそ、「Schadenfreude」（シャーデンフロイデ）ですよ。**シャーデンフロイデとは、妬みに付随して起こる感情**です。

荒川 「メシウマ」ですね。

中野 「あいつの不幸で今日もメシがうまい」っていう。シャーデンフロイデのフロイデ（freude）はドイツ語で「喜び」、シャーデン（Schaden）は「損害」という意味です。**「相手の損害がうれしい、喜びである」**ということです。

人は感情で動き、理屈を後づけしている

荒川 結局、感情が根本にあるんだと思いますよ。理屈と感情の話とも関連するんですが、

よく、「意識が変われば行動が変わる」とか、「意志があれば行動を変えられる」という言葉がありますよね。でもそれは違うかな、と思っています。

僕は、「象と象使いと環境の関係性」というモチーフを使って説明しているんです。社会心理学者のジョナサン・ハイトが提唱したもので、象は感情、象使いは理屈を指します。象使いが象を動かしているつもりになっているけれど、象が動いた方向を「よしよし」と思って、後から理屈づけをしている場合がけっこう多い。

それなら、なぜ象は動くかというと、ほぼ環境によって動いているんです。「こっちのほうが歩きやすい道だな」と思うから象はそっちに行く。「こっちに餌がありそうだな」と思うから動く。ということは、人は環境によって感情を起こされているし、感情によって後づけで理屈づけをしていると考えられます。

だから、「女は感情で動く」とか、「男は理屈で動く」というのはあまり関係がなくて、実は、**誰もが感情で動いていて、後から理屈づけをしてそれを共感だと思い込んでいる。**そういうものなんじゃないかな、と。

中野　シンプルですね。そのほうが実像に近いと思います。

荒川　セールスとかマーケティングの話でいうと、**感情をつくるのが大事なのではなくて、**

感情に後から理屈づけをさせてあげることが重要というところがあります。「なるほどね」とか「納得です」と思わせないと、とことん嫌いになられるとまずいわけで、その部分はすごく大事だなと思うんです。

「共感でつながるべき」という勘違い

荒川　「共感」というと、感情でつながるべきだとみんな勘違いしますね。

中野　そうですね。私、「共感おじさん」がとても苦手なんです。「わかる、わかる」と共感したつもりになっているけれど、まったく的外れな反応を返してきて、どこか媚びてくるタイプの人がいると、とても気持ち悪くて……。

荒川　あと、僕が嫌いなのは、「こういうことを言えば共感してもらえるだろうな」みたいな人。

中野　まさに、それです！　「こういうことを言っておけば満足するんだろ？」という、足元を見られている感じがすごく嫌なんです。

荒川　嫌だし、そういう人たちが思い描いている共感はかなり表面的だなと感じます。

「わかるわかる」とか、「あるある」とか、一応は共感している感じを出しているんですが、「それって、本当に聞いてます？　話の内容に関係なく、もう最初から共感する前提で、共感したフリをすることが目的化していませんか？」と思ってしまいます。

中野　本当にそうですね。

荒川　本来、**人とのコミュニケーションって全面的に共感し合うというより、互いのちょっとした違和感が大事**だと思うんですよ。

全面的に反対でもないけど、かといって全面的に賛成でもない感じ。そういうときって、その違和感を自分の言葉でうまく表現できないことがありますよね。違和感があることに不快になるより、それを言葉にできないことのほうが不快になってしまう感じです。

言葉にできない感情を言語化してくれる人がカリスマになる

中野　そうですね。対照的に、言語化するのが上手な人は好意を持たれますね。

ちょっとわかりにくいかもしれませんね。どういうことかというと、私たちは、**なかなか言語化できない感情を持っていますが、この感情を巧みに言語化できる人がいると、み**

んなその人のことを好きになってしまうんです。

たとえば、テレビやネットで人気のある人のほとんどが、この言語化が上手な人だと思います。

荒川 いわゆるカリスマとか、演説がうまい人ですね。

中野 そうですね。トランプ大統領はこの技一つで大統領になったような……。

荒川 (笑)。そうですね。

中野 みんな、「嫌だな」と思ってモヤモヤして、でも言えない。トランプ大統領は俺たちの思いを代弁してくれる、ということですね。

言語化以外にも方法はあります。モダリティ(方式)は何でもいいんですが、たとえば、音楽とか、アートとか、「あ、これは私の気持ちを代弁してくれている」と思わせるもの……。

ただ、やはり言語化が最も手っ取り早くて効果的ですね。言語化がなぜ手っ取り早いのかというと、情報の解像度が高いので、共感を解像度よく、情報量(いうなればパケット量)を抑えて伝えることができるからです。

話を聞いてもらって的確に言語化してもらえる快感

荒川　何て言ったらいいかわからなくてモヤモヤしているときに、「それってこうだろ」と言ってくれるとものすごく気持ちがいい。「そう！　それ！　それが言いたかったの！　なんでわかるの⁉」みたいな。**言ってほしいことを言語化してくれると、ものすごく気持ちいい**という感覚はありますね。

中野　「言語化ＡＩ」ができたら、みんなそれを好きになっちゃうかもしれない。

荒川　中野さんの講演か何かの記事に、**「話を聞いてもらうことって、セックスに匹敵するくらいの快感がある」**という話があったんですが。

中野　そうです。

荒川　結局、話を聞いてもらうことって大事なんですね。

中野　同じ回路を共有しているのが大事なんですよね。実は私たち、話をしっかり聞いてもらうことって、ほとんどないのです。コミュニケーションを取っていても、相づちに終始したり、どうでもいい話や共通の話で盛り上がったりするくらい。

本当に自分が思っていることを認めてもらった経験って、誰もがほとんどしていないと思います。なので、**自分のことを認めてもらったという感覚の気持ちよさはかなり大きいわけで、それができる人はモテたり、（正しいかどうかは別として）信頼を強く得たりする**わけですよね。犯罪にこのことを悪用するのはほめられたことではありませんが、詐欺師は人の話を聞くのがすごくうまいのだと思います。

これからは、人に話を聞いてもらうサービスが流行る？

荒川 人に話を聞いてもらうことがそんなに気持ちいいなら、これからはおじさんがお金を払って、若い人に話を聞いてもらう商売が流行るんじゃないかと思いますね。

中野 （笑）。それって「パパ活」とか「ギャラ飲み」（女性がお金をもらって飲み会に参加すること）とか、そういうことなのでは？　キャバクラもそういうシステムなんじゃないですか？

荒川 相手がキャバクラの女性でなくても、おじさんは説教したいんですよ。

中野 なるほど、若い男性にも話を聞かせたいんですね。

荒川 若い男性にも、「俺が若い頃はな……」とか言おうものなら、「お金払ってよ、おじさん」となる。

中野　昔の会社の飲み会はそういう雰囲気ですか？

荒川　昔はそうでしたが、今は説教なんかしようものなら大変なことになりますから。そういうのを、外部でお金を払って回すんです。

中野　なるほど。「お話聞く屋さん」というサービスが儲かりますね。

荒川　そうそう。あながち間違いじゃなくて、おじさんたちはお金を払ってもいいと思うはずですよ。今、彼らは話を聞いてもらう機会がまったくないんですから。

中野　私、請け負ってみたいですね（笑）。お話聞く屋さんになりたい。

荒川　単価高そうですね。

中野　応相談ですね（笑）。

感情よりも理屈よりも、まず環境を変えよ

荒川　話を戻します。**理屈重視か感情重視かは、男女のステレオタイプとは関係がなく結局、個体差でしかない**し、さっき言った「象と象使いと環境」の比喩でいえば、**感情より**

も理屈よりも、置かれた環境が非常に大事だと思います。

中野　環境を変えるほうが早いですね。

荒川　**人間を意識づけで、意志で変えようと思っても絶対続かないので、周りの環境を変えたほうが早い、**ということですね。

中野　そうなんですよ。「脳科学的に集中力を上げる方法はないですか?」とよく聞かれます。その質問を何百回聞いたことか。

「意志の力で本当に変わるんだったら、一回言ったらできるはずよ?」と思いますよね。「何回失敗しているの?」と。つまり、意志で変えるのはほぼ不可能ということだと思います。その意志を持ち続けなければなりませんから。

荒川　不可能ですよね。意志で変わった、と思いたいだけですよね。

中野　そうですね。本当にそんな人がいたら、むしろ変人扱いになると思います。

共感とは、感情に理屈づけをすること

荒川　感情と理屈の話をしてきましたが、共感というのは、感情の理屈づけ、つまり**「共**

感＝感情＋理屈」だと思うんです。感情だけでは共感にならないし、理屈づけされなくてもダメ。

中野　それ、売れる方程式ですね（笑）。オープンにしていいんですか？

荒川　全然かまいません。本書を読んでくださっているみなさんに、このことを感じていただければいいかな、と。

独身の男性に典型的な「3M思考」というものがあります。「無理」「無駄」「面倒くさい」というもので、何を提案してもこの3つの言葉ですべて却下できる万能の思考なんです。まさに、これこそ「やりたくないという感情」を理屈づけすることによって、後ろ向きな感情を正当化している行為なんですね。何か行動するための理屈づけより、**人は「行動しないための理屈づけ」のほうが得意**なんです。

環境が感情をつくり、感情が行動を生み出すわけですが、その行動に移る前や一度行動したあとに「ちょっと待てよ」と理屈がむくむくと顔を出します。

たとえば、ある商品を見て「いいなあ、欲しいなあ」と思ったとしましょう。でも、それを買う前に、「ちょっと待て。確かにいいけど、ちょっと高すぎないか？」とか理屈の邪魔が入る。自分が買える範囲を超えているという「無理の理屈づけ」をし、買ってもそう使わないという「無駄の理屈づけ」をし、そもそもそういうのを考えること自体が「面倒くさい」という感情となって、せっかくの行動が差し戻されてしまいます。「好きだけど買わない現象」とか、「ファンなのに、その人のモノを買ったりはしない」というのもその表れですね。

好きとか嫌いとかだけではなかなか人は行動しなくて、特にお金を払うという行動には慎重です。自分の中で「なるほどね」と理屈づけされないと安心して行動できないというパターンが消費行動ではよく見られます。ですから、**感情を喚起するだけではなく、高ぶった感情を腹落ちさせる理屈とセットになっていると、強い共感を与えられる**のだと思います。

中野 まさに、人間が必要としているものは、ここに行き着きますね。これがうまくできる人は世界中、どこへ行っても生きていけるでしょう。宗教も、哲学も、科学ですら、ここを指向しているように思えます。

終章
「withコロナ時代」の生き方を考える

２０１９年冬に中国・武漢で発生した感染症「新型コロナウイルス」は瞬く間に蔓延し、世界中に甚大な被害をもたらしました。

感染力が強いため、２０２０年４月以降、日本でもオフィスワークや通勤電車、スポーツ観戦や観劇など集団での行動が制限され、私たちの働き方・暮らし方も大きな変更を余儀なくされています。

感染拡大がいったん落ち着き、行動制限もゆるやかになった２０２０年７月以降も、在宅勤務や会食控えによるオンライン飲み会など、これまでの日本社会では見られなかった様式が常態化しつつあるのが現状です。

ワクチンや特効薬の登場がいつになるか見込みが立たない現時点では、この変化は一時的なものでなく、これからのスタンダード（new normal）になると考えられます。

最後の本章では、新型コロナによって浮かび上がった「一人という生き方」をめぐるさまざまな論点について考察します。

「コロナ離婚」の増加が意味するもの

荒川 「コロナ離婚」が増えているという報道がありますね。みんな、なんとなく納得する現象だと思うんですが、要はコロナの影響でリモート（在宅）ワークや自宅待機が増え、ひとつ屋根の下でずっと一緒にいるのがきついという夫婦が増えています。

中野 そう。望んで夫婦になったのにね。それなのにずっと一緒にいるのが耐えられない、家でずっと顔を突き合わせているのが耐えられない。

日本だけでなく、感染拡大が先行した中国でも、統計でなく報道によればですが、離婚する人が増えていると言われていましたね。**いったんは好きになって結婚した人でも、環境条件で関係性が変わる**のですね。

荒川 共働きだと、一緒に家にいる時間が少ないから今まで気づかなかったけれど、今回のような状況だと直面せざるを得ないですよね。

中野 たまに会うから楽しいとか新鮮だなとか思いますが、24時間、毎日一緒だったらなかなか大変じゃないですか。夫婦だって赤の他人ですから、習慣も違うし、常識だと思っていることがそれぞれ違ったりするので、そこはやっぱりすり合わせる必要がありますよね。すり合わせるための心的コストもかかりますから、それをストレスだと思わない人はあまりいないのではないかと思います。

マスクを嫌がる欧米人、サングラスを怖がる日本人

荒川　１１７ページの「90日間自撮りチャレンジ」のところで、「女性が美しく写るために口元は笑って目は笑わない」という表情の話が出ましたよね。

今はコロナの影響で、どこに行くにもマスク必須の世の中となり、相手の表情がわからないままコミュニケーションを取らざるを得ない状況です。

ネットで見たんですが、日本人は感情を目で表現するけど、欧米人は口元で表現するそうです。だから、欧米人の描くイラストは、目は変わらない。確かに、スマイルマークなんかそうですよね。イラストの口元だけニッコリしているのは、こういうことなんですって。

一方、日本人の場合は、イラストの口元は変わらなくて、目元が変わる。

中野　これは、面白い考察ですね。

荒川　**感情を表すのに、日本人は目を変える。欧米人は口を変える。**

中野　骨格の違いとか関係あるんですか。

荒川　どうなんでしょう？　でも、欧米人が**マスクをつけるのを嫌がるというのはそういうこと**かもしれません。口元を隠すと表情がわからなくなるから。

中野　なるほど。「この人、何を考えているんだろう」となるんですね。

荒川　そうそう。でも、日本人は目で表情をつくるから、マスクしていても目だけでわかるんです。

中野　私たちは、サングラスをかけている人は怖いと思いますもんね。

荒川　それと一緒です。サングラスをかけて口だけ笑っていても、なんとなく信用できないなと思ってしまう。

中野　そうなりますね、本当に。欧米人はサングラスをよくかけますよね。

荒川　このテーマ、すごく面白いなと思ったんです。

中野　確かに。なぜでしょう？　顔、骨格？　目の表情が見えにくいからかな。

荒川　それはアニメの表現方法とかにも表れていますね。日本のアニメって目が大きいじゃないですか。一方、欧米のアニメは口が大きいですよね。

中野　不思議ですね。

荒川　**キャラクターの造形にもそれが表れています。口元でキャラクターの表情をつくる**

欧米と、目で表情をつくる日本。なぜ違いが出るのか、非常に面白いなと思うんですよね。

中野　眼輪筋かな？　マイクロエクスプレッション（微表情）と呼ばれる顔の動きがあります。目は笑っていても口が笑っていない表情のことですが、これを人は見分ける力があるんです。

要するに、悲しい顔をしなければいけない場面なのに目が笑っているとか、笑わなければいけない場面なのに目が笑っていないとか。私たちはそういう微表情をよく見ていて、「この人、なんか不自然な顔だな」と気づく、という。

表情の何を見ているかというと、口角挙筋や眼輪筋などの動きです。眼輪筋の動きは、日本人のフラット（平坦）な顔だとよく見えますが、西洋人の顔だと見づらいですよね。

欧米人の骨格では、眼窩《がんか》が大きくくぼんでいて目元が暗く見えるので、目の表情が見えづらいことがあります。口元の笑いじわは見えるけど、目の下あたりの筋肉が見づらい。

荒川　そういえば、顔文字ってあったじゃないですか。アスキーアートみたいな。これが欧米には受け入れられなかったわけですよ。

中野　確かに。

荒川　日本の顔文字は口の表情にバリエーションが少ないから。目の表情はたくさんあり

図28　日本・欧米の顔文字比較

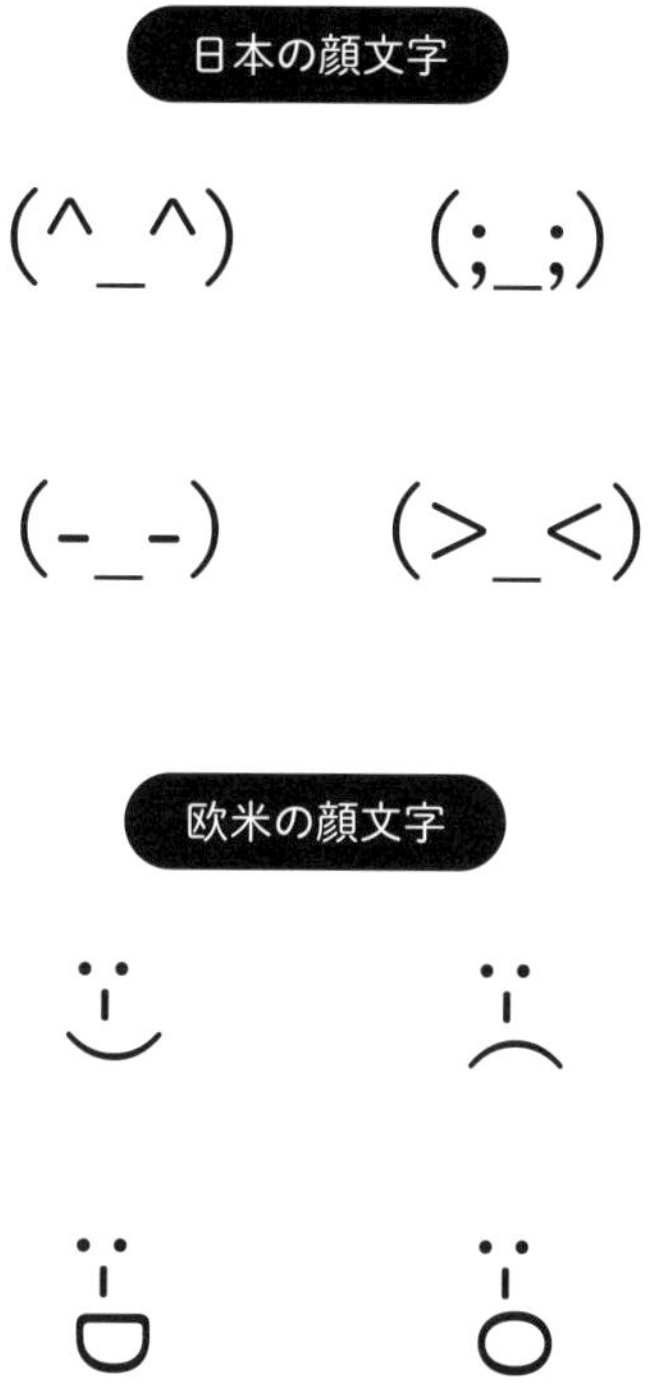

注：実際には欧米の顔文字は、反時計回りに90°回転した横倒しの向きで使用されます。

ますが。

中野　確かにそうですね。私たちからすると、欧米の顔文字のほうが受け入れにくいですよね。目が全部死んでるみたいだったり、横向きだったりしてわかりにくい……（図28）。

荒川　おそらくアジア圏、東洋系はみんな上のほうだと思うんですけど。

なぜ、オンラインミーティングはやりにくいのか

中野　コミュニケーションを取るときには、やはりお互いの表情を見ていますよね。コロナの影響で、リモートワークが増えて画面越しにオンラインミーティングをしたりしますが、やはりリモートで仕事しにくいという感覚はそういうことなのかな、とも思います。

荒川　つまり、**画面越しだと相手の細かな表情が見えにくいので読み取れない。**

中野　そう、**相手が信頼できるかどうかの情報が漏れてしまう**ので。画面越しだと直接の対面より情報量としては少なくなりますものね。声の調子はわかりますが、それはある程度つくれますから。

眼輪筋は、本当に感情が動いていないと動かないといわれていて、動かそうと思えば動

かせますが、その場合は不自然な表情になったりするんですよね。

荒川 いま、リモートワークだとか未来の働き方だとかといわれていますよね。でも、逆に今回のコロナ禍で、フルリモートの未来なんか絶対来ないなと僕は思ったんです。やっぱり人間はね、人と集まりたいんですよ。

中野 そうでしょうね。最近聞いてびっくりしたことがあるんです。どこも飲食業はダメになる、と言われていますよね。

でも、京都で名店と知られているようなところは全部満席なんですって。この際に予約を取る人が多いんです。人と会いたい、人と一緒においしいものを食べたい、という欲求は絶対になくならないんですね。

荒川 結局のところ、フルリモート生活は、機能的にはできますよね。リモートワークもできるし、人と会わないで暮らすことも理屈の上ではできるんです。

では、なぜ普段は往復2時間かけてわざわざ通勤するのか。**やっぱりその場に行って、面と向かって人としゃべったりすることを実は欲しているんだと思うんですよね。仕事の効率うんぬんではなく。**

満員電車に揺られて長時間通勤する大変さと引き換えにしても、家から会社に行きたい理由がきっとあるんですよ。たとえば、満員電車に乗っている1時間は、一人でいられる貴重な時間なんですよね。

朝の通勤電車で一人の時間を確保して、会社でみんなと会って仕事して、帰りの電車でまた一人の時間を確保して、帰宅して家族と過ごす、という流れが必要だったのかもしれません。通勤時間が10分だったら、案外、耐えられないんだと思う。

中野 なるほど。

荒川 226ページで、自分の中に多様な自分がいることを認めるという話をしましたが、**「家・電車・会社」というふうに環境の切り替えをすることは、人が精神を保つのに非常に大事な要素**なのではないかと思います。

一人でいると、ネガティブ・スパイラルにはまりやすい

荒川 ずっとリモートワークするのはきついという声もありますね。黙々と作業をするのがつらい、誰とも話していない状態がつらい、という人も多いです。

中野 私は長い間大学院にいましたが、大学院という環境は特殊なんです。修士課程だっ

たらわりとみんなでワイワイ楽しくという感じなんですが、博士課程では友だちが一気にいなくなるんですよね。人文科学系は違うかもしれませんが、自然科学系にはそんなところがあります。

これは、自分が気難しくなって友だちがいなくなるのではなくて、自分が研究していることをわかる人は自分と指導教官だけ、という世界になっていくんですよ。だから、ほかの人と話もだんだん合わなくなってきます。友だちは社会人になって生活時間帯も違ってきますから、必然的に、誰ともしゃべらない環境ができていくんです。

私はずっとその環境に慣れていましたし、人と会わないのはストレスではないんですが、あらためて**「一人でいることの弊害」**を考察したことがあるんですよね。

一人でいるときは、他者がいないので自分に対して自分でフィードバックをかけなければいけない。そこで何が問題になるかというと、自分で自分にフィードバックをかけるときは、ちょっと「フェールセーフ」側（fail safe 操作方法を間違ったり、部品が壊れたりした場合に安全な方向へ向かうように設計すること）にかけるんですね。

どういうことかというと、ネガティブ側に自分を評価するようになる。つまり、**一人でいると自分へのフィードバックが厳しめになる。すると、どんどん自分はダメな人間なん**

じゃないかと考えるスパイラルにはまっていくのです。

これは誰でもそうだと思うんですが、そういう状況下でポジティブな思考にいく人ってほんのわずかで、ちょっと変な人と言われるくらい少ないんです。一人でいると、自分へのフィードバックがネガティブになり、それでうつになる人が増えるわけなんですよね。

そこで、「いや、ちょっとネガティブに見すぎだよ」と客観的に思って自分を説得できる理性の持ち主はほとんどいないでしょう。ですから、**孤独になりすぎるとネガティブなスパイラルにどんどんはまっていく。**けれども、人と会うことによって、「あ、自分の立ち位置はこのぐらいね」と較正《こうせい》できるんです。

要は、**外部からのフィードバックによってネガティブ寄りだった基準がニュートラルに戻る**わけですが、その機会が失われることで心を病む人は多いのではないかと思います。

荒川　つまり、リモートワークで一人で働いていると、だんだんネガティブ思考になってしまう、と。それは、人と会うとなぜ解消されるんですか?

中野　**他者の客観的な視点によって、ポジティブなフィードバックを得られている、**という認知があるからですね。

自分に対してネガティブなフィードバックをかけても、「いや、それちょっと変じゃない？」と修正してもらえるという根拠を外部に持てるので。

荒川　ただし、他者と会っても内面を吐露しないタイプの人もいますよね。

中野　それはそうです。そういう人はそもそも職場にいても、うつになりやすいタイプですね。

荒川　結局、オフィスで働いたところで、家で閉じこもって仕事しているのと何ら変わらない人もいる。

中野　はい、あまり変わらない人ももちろんいるでしょう。

マスク買い占めに見る、人間の本質の変わらなさ

荒川　今回のコロナ禍におけるマスクの買い占めは、70年代の石油ショックのときのトイレットペーパー騒動とまったく同じでしたよね。

中野　本当にそうです。お母さん、おばあちゃんの世代が思い出しているでしょうね。

荒川　何一つ変わらないわけじゃないですか。

中野　そんな50年ごときじゃ変わらないのか……と驚きましたよね。

荒川　変わらないですし、ヨーロッパでもアメリカでも同じことが起きていましたね。ちなみに、100年前のスペイン風邪のときも同じように買い占めが起きたそうです。何にも変わっていないんですよ。

中野　人間って、危機に直面するとこうなるんですよね。

荒川　**テクノロジーが発達して便利になっても、人間の行動や本質は、何一つ変わらないんだなと実感しました。**

中野　変わるとしても、非常に時間がかかるんでしょうね。数十年、数百年の単位では変わらないのかもしれません。

荒川　そうですよね。たぶんこの2000年ぐらいでもあまり変わっていないと思います。

中野　そうそう。**2つの対立遺伝子があるとき、片方の遺伝子が消えるには、その傾向が単調にぶれずに続いたとしても1000年かかる**んですよ。

　たとえば、不安の強い人と弱い人、どちらが生き残るかというゲームをスタートして、世代を重ねていきますよね。「世代を重ねていって、不安に強い人のほうが生き残りました」となるには、1000年かかるんです。

荒川　そんなに年月が経たないと結果がわからないんですね。

中野　そう。どちらが適応だったかという結果がわかるには、条件が変わらずに1000年続く必要があります。でも、条件は途中で絶対に変わるじゃないですか。だから、そんなに簡単に遺伝子は消えないんですよね。

「浮気する・しない」の対立遺伝子がある場合、浮気しないほうが条件が有利だということになったとしても、そんなに簡単には片方が消えないので、どちらも生き残るわけです。条件がまったく変わらなくて、その状況が単調に続いたら理論上は消えますが、それでも1000年はかかりますから。

荒川　1000年後なんて、もうどうなっていることやら。

中野　1000年経って世の中が想像もつかないような変化をしても、人間そのものは同じかもしれないんですよね。ただ、社会状況が変わってインフラがもっと整っていくと考えれば、そういう部分は変わっていくかもしれないですよね。

あるいは、普段からハグやキスをするようなコミュニケーションを取りたい人は、感染症にかかりやすくて死に絶えているかもしれません。どうなっているか、非常に興味がありますね。なんならシミュレーションしたいです。

荒川　AIとかでシミュレーションできるんじゃないですか？　一気に1000年分進め

て見ることができそうですけど。

中野　できそうですね。

ネガティブな感情の拡散に冒されない

荒川　僕は**感染症の拡散と、人間の感情の拡散の仕方がとても似ている**と思っています。特にネットの世界では、「怒り」の感情は瞬時に拡散してしまう。

人々の怒りで炎上することは多々ありますが、それに比べて、喜びとか感動とかポジティブな感情はあまり広がりにくいものに感じますが、どうなんでしょうか？

中野　感動はむしろ広がりやすいですよ。けれど、そちらのほうが怖い。なぜなら「感動しないやつ」をまた排除しようとしたり、安易に感動する人を半笑いで見下したりする人が出るからです。一人でも楽しくいられて、情報の拡散には影響されない、という精神を大切にしたいですね。

荒川　いずれにしても、今後はソロ社会化が進みます。結婚するとかしないだけではなく、仕事で他者と一緒に働くかリモートで働くかも含めて、**従来のようなリアルに集まった人**

図29 「所属するコミュニティ」から「接続するコミュニティ」へ

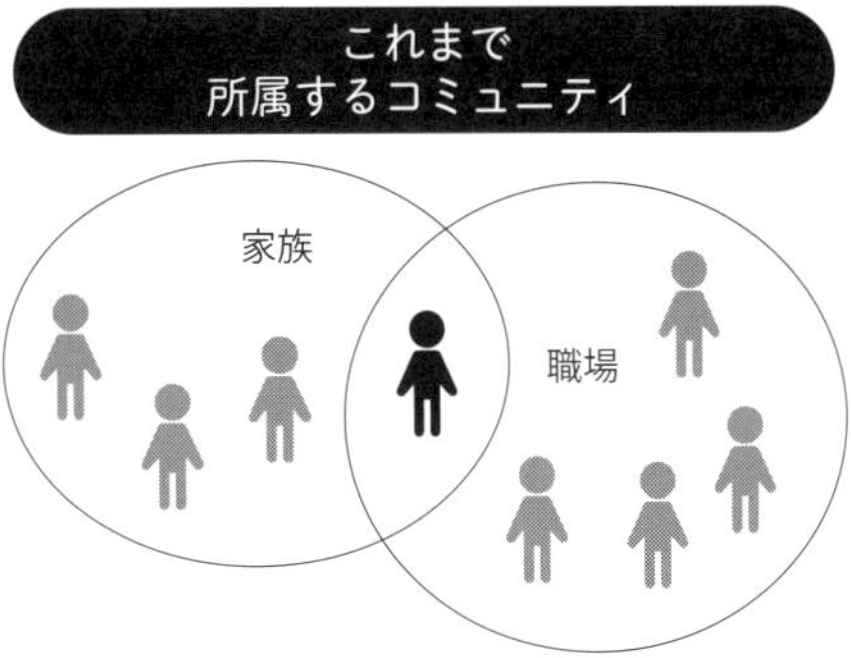

コミュニティとはウチ側の人間と協力し、ソトからの攻撃を防ぐ城壁だった

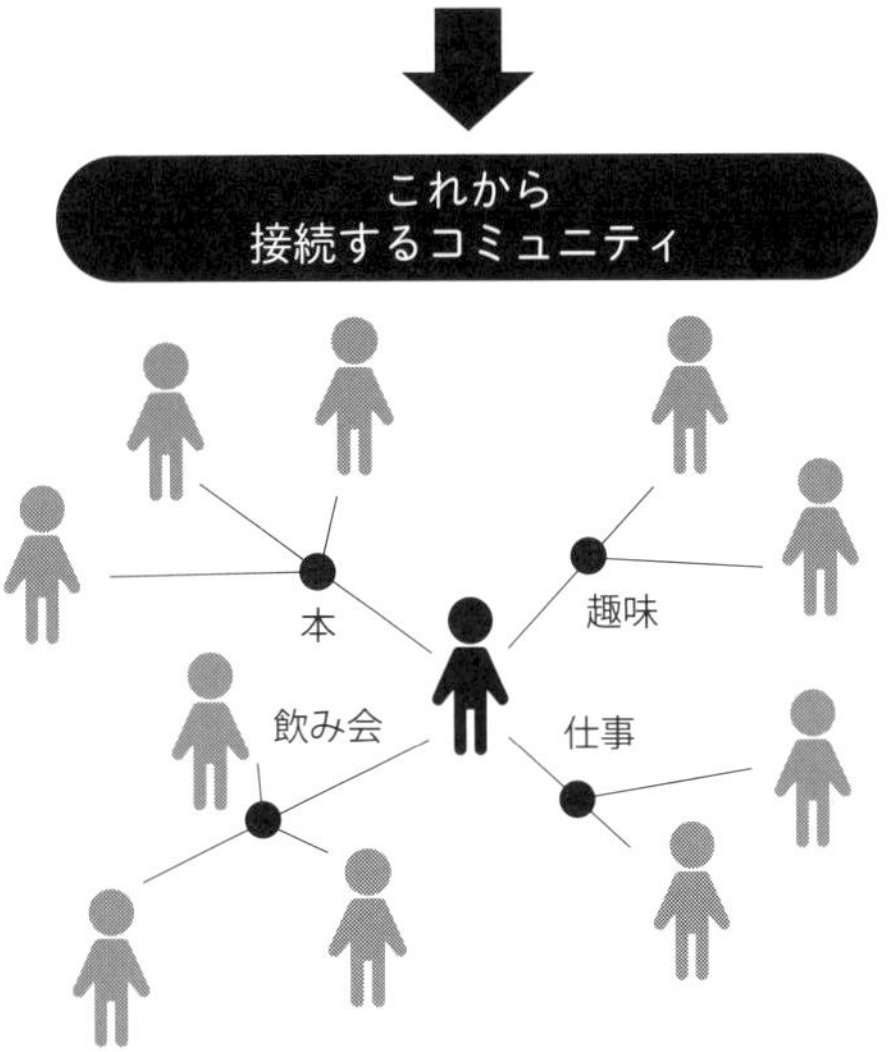

コミュニティは、人とつながるためのシナプスのような役割。結婚とかソロとかの状態にかかわらず、人は個人として何かと誰かと接続せざるを得ない。

たちだけでコミュニティを形成するような時代が変わる、大きな分岐点に来ていると思います。

僕はそれを、**「所属するコミュニティ」から「接続するコミュニティ」**へと言っていますが（図29）、そのような時代になると、たった一人の感情でも多くの人たちに影響を与えられるということでもあり、個々人の発言や行動を含めた生き方がより重要になっていくのかな、と思うんです。

僕らは、無意識に一つの樹木のようにつながっている。同じ拡散をするなら、怒りの感情より、みんなの笑顔の花が咲くものがいい、そう思っています。

あとがき

昔のような大家族がなくなり、夫婦と子という標準世帯といわれた家族も２０４０年には2割台に減ってしまいます。一人暮らしが全体世帯の4割を超え、離別・死別を含む独身生活者が15歳以上の人口の半分になります。そうしたソロ社会化は不可避で、日本に限らず、いずれ全世界的に波及するでしょう。

国連の推計でも明らかなように、先進国の合計特殊出生率は軒並み2・0を割り込み、1・50あたりに集約されます。それは、全世界的な少子高齢化とそれに伴う将来の人口減少を意味します。日本の人口は２１００年には今の半分の６０００万人以下になると推計されていますが、これもまた日本だけの問題ではありません。現在14億人の人口を抱える中国でさえ、２１００年には半分の7億人になる可能性があります（国連ＷＰＰ・ＬＯＷ推計値より）。

すでに「多死社会」に突入した日本

未婚化・少子化・高齢化・人口減少などなど、メディアではその手の話題が出るたびに、「日本の政治が悪い」と非難する声もあがるのですが、誰が政権をとろうが、どんな少子化対策を施そうが、この流れは止められませんし、厚労省の官僚も１９９０年代から予測していたことで、現実にその予測値どおりに推移しています。

人口動態というのは、「多産多死」→「多産少死」→「少産少死」→「少産多死」という順番で確実に推移します。どの国も「多産少死」のステージで人口は爆発的に増加します。少し前の中国やインドがそうでした。今はアフリカ諸国がそうです。日本でも「多産少死」時代は明治から昭和のベビーブーム期まで続きました。

日本は今まさに、「少産少死」から「少産多死」の時代への過渡期にあります。すでに、日本は年間当たり出生数より死亡数の多い「多死社会」へ突入しています。まもなく数年後には、年間１５０万人以上の死亡が50年にわたって続く時代になるのです。高齢人口が多いということは、それだけ死亡人口も多くなることは自明の理です。

出生率も上がりません。大きな勘違いをしている人が多いのですが、出生の指標として使われる合計特殊出生率は49歳までの女性の出生率を示したもので、この中には未婚女性も含まれます。未婚化が進めば自動的に下がるのです。実際、既婚女性が産む子どもの数は、第二次ベビーブーム期とさほど変わらず、平均して2人程度産んでいます。

極論すれば、今まで検討されてきた少子化対策は、既婚の夫婦にいかに子を産んでもらうかばかりに着目していましたが、それではあまり効果がなく、理論上は婚姻数を1組増やせば、子どもの数は2人増えるのです。少子化対策というなら、本当は結婚促進施策をしないといけなかったわけです。

僕が「少子化問題ではなく、本質は少母化問題だ」と言うのはそういう意味です。もちろん、現状の子育て支援策を否定するものではありませんが、それはあくまで子育て支援であり、出生促進にはなりません。だからこそ今の日本の出生率になっているわけです。

「フランスのような手厚い子育て支援をせよ」という声が叫ばれることがありますが、結局それらは短期的な成果は上げても、長期的には奏功しません。フランスも国連推計では今の1・8台の出生率が1・3にまで下がるでしょう。

「ソロ社会」は、決して絶望の未来ではない

成熟した社会はそうした状況へと進むことは必至で、もう何十年も前から予測されていたことです。人口動態の推計というのは、もっとも予測のしやすいものでもあります。逆に言えば、人口転換メカニズムの大きな流れは、自然と同様、決して人為的な力で変えられるものではないということです。

私たちが向き合うべきは、変わるはずのないものを変えられるかのような欺瞞《ぎまん》や茶番ではなく、**ファクトを知ったうえで、不可避な未来を見据え、今をどう歩いていくか**ということだと考えます。

ソロ社会、個人化する社会は、決して絶望の未来ではありません。結婚し、子を産み育てる人がいなくなることはありません。どんなことがあっても恋愛をする人はいるのです。同時に、未婚でも、子を産まない人生であっても、それが価値のない人生を意味するものでもありません。結婚しようがしまいが、子を産もうが産むまいが、誰かと一緒に暮らしていようが一人暮らしだろうが、私たちは一人ひとりが新たなコミュニティを構築していく必要があります。

それは、今までのような、家族・地域・職場という縁で結びついた大勢の人間が「所属するコミュニティ」の中で協力し合っていくだけではなく、互いに「接続し合う」ことで、**結果としてコミュニティの役割を果たす「接続するコミュニティ」を意識していくこと**ではないかと思います。そしてそれは、自分の外側との接続だけではなく、**自分の内面に存在する「たくさんの自分」とも接続するということでもあります。**

世の中には、「自己啓発のために」「ビジネスで成功する方法」「リーダーになるために」「幸せになるために」、果ては「結婚できる方法」「モテる方法」などハウツー的な書物や記事であふれています。大きな時代の変化の中で、不安な人々が大勢いるということの裏返しでもあるのでしょう。

本書でも「自己肯定感を上げるには？」という話をしましたが、あまりにもみなさん、「答え合わせ」というものを早急に求めすぎではないでしょうか？

「答えがある」ということは「正しい」があり、それ以外は「間違い」ということになりますが、果たして本当にそうでしょうか？　あなたにとって間違いであると断じたことは、誰かにとっては大切な正しい行為かもしれません。

「答えは何か？」とか「その答えにたどり着くためにどうやればいいのか？」というハウ

ツーばかりを追い求めていると、きっともっと大事な本質を置き去りにしてしまうことと思います。

まず問いを立てよう。そして、行動を起こそう

中阿含経《ちゅうあごんきょう》にあるお釈迦様の言葉にこんなものがあります。
「私の教えは川を渡るための筏《いかだ》のようなものである。向こう岸に渡ったら、筏を捨てていけばよい」

自分の教えなど、必要なときに役立てる道具なのであって、用が済んだら捨てていいということです。お釈迦様は「どうやって川を渡るか」というハウツーを教えているわけでもなく、「川を渡って何の意味があるのか」「その先どう進めばよいのか」という答えを教えているのでもないのです。あくまで「筏」という道具なのだと言っています。「筏」は、まるで、現代で言うところのアプリケーションのようなものだと考えてもいいでしょう。

もっと言えば、この筏を使わずとも、川を渡る方法があることに気づくという視点も重要です。橋を架けるのか、空を飛ぶのか、実は方法はいくらでもあります。

答えは何か、その答えにたどり着くためにどうすればいいのか。そんなことばかり考える前に、まずあなた自身の問いを立てるということのほうがよっぽど有益です。

前述したとおり、環境は大きく変わります。本書でも話題にしたように、環境変化は人の感情に作用し、行動を生み、その行動を理屈づけして安心します。

本来、順序としては、理屈づけは一番最後なのに、どうしても最初に理屈づけしたくなってしまう、つまり、先に答え合わせやノウハウを知りたくなってしまうのは人情と言えばそうなんですが、そのせいで、行動もしていないのにわかったような気になってしまっていること、多くないでしょうか？

本書は、少なくともファクトに基づいた新しい視点や視座を提供しているつもりですが、だからといって、何か明確な答えを提示するものではありません。

環境変化による社会構造の転換はみなさんに共通する境遇かもしれませんが、答えは一人ひとり違うはずだからです。僕と中野さんとの話の中から、違和感であっても、何か感情の変化を覚えていただければ、さらに何か行動を起こすきっかけとなれば、と願うばかりです。
最後に、今回の共著は、2019年に拙著『ソロエコノミーの襲来』(ワニブックス)刊行記念のトークイベントで中野さんとご一緒したことをきっかけに生まれました。書籍化に向けて、最初にお声がけいただいたディスカヴァー・トゥエンティワンの干場弓子さん(当時社長)にもこの場を借りて感謝申し上げます。

荒川和久

著者紹介

荒川和久

独身研究家／マーケティングディレクター。ソロ社会論および非婚化する独身生活者研究の第一人者として、テレビ・ラジオ・新聞・雑誌・Webメディアなどに多数出演。韓国、台湾などでも翻訳本が出版されるなど、海外からも注目を集めている。著書に『結婚しない男たち―増え続ける未婚男性「ソロ男」のリアル』（ディスカヴァー携書)、『結婚滅亡』（あさ出版)、『ソロエコノミーの襲来』（ワニブックスPLUS新書)、『超ソロ社会―「独身大国・日本」の衝撃』（PHP新書）など。

中野信子

1975年、東京都生まれ。脳科学者、医学博士、認知科学者。東京大学工学部応用化学科卒業。同大学院医学系研究科脳神経医学専攻博士課程修了。フランス国立研究所ニューロスピン（高磁場MRI研究センター）に勤務後、帰国。現在、東日本国際大学教授。著書に『ペルソナ』（講談社現代新書)、『サイコパス』（文春新書)、『キレる!』（小学館新書)、『悪の脳科学』（集英社新書)、『空気を読む脳』（講談社＋α新書）ほか。テレビ番組のコメンテーターとしても活躍中。

ディスカヴァー
携書
226

「一人で生きる」が当たり前になる社会

発行日　2020年12月20日　第1刷
　　　　2021年 6 月25日　第3刷

Author　荒川和久　中野信子
Photographer　小川孝行
Book Designer　井上新八（装丁）
Publication　株式会社ディスカヴァー・トゥエンティワン
〒102-0093　東京都千代田区平河町2-16-1 平河町森タワー11F
TEL　03-3237-8321（代表）　03-3237-8345（営業）
FAX　03-3237-8323
https://d21.co.jp/

Publisher　谷口奈緒美
Editor　三谷祐一（編集協力：石橋和佳、ログミー株式会社）
Store Sales Company
梅本翔太　飯田智樹　古矢薫　佐藤昌幸　青木翔平　青木涼馬
小木曽礼丈　越智佳南子　小山怜那　川本寛子　佐竹祐哉　佐藤淳基
副島杏南　竹内大貴　津野主揮　直林実咲　中西花　野村美空
廣内悠理　高原未来子　井澤徳子　藤井かおり　藤井多穂子　町田加奈子
Online Sales Company
三輪真也　榊原僚　磯部隆　伊東佑真　大崎双葉　川島理　高橋雛乃
滝口景太郎　宮田有利子　八木眸　石橋佐知子
Product Company
大山聡子　大竹朝子　岡本典子　小関勝則　千葉正幸　原典宏
藤田浩芳　王廳　小田木もも　倉田華　佐々木玲奈　佐藤サラ圭
志摩麻衣　杉田彰子　辰巳佳衣　谷中卓　橋本莉奈　牧野類
三谷祐一　元木優子　安永姫菜　山中麻吏　渡辺基志　安達正
小石亜季　伊藤香　葛目美枝子　鈴木洋子　畑野衣見
Business Solution Company
蛯原昇　安永智洋　志摩晃司　早水真吾　野﨑竜海　野中保奈美
野村美紀　羽地夕夏　林秀樹　三角真穂　南健一　松ノ下直輝　村尾純司
Ebook Company
松原史与志　中島俊平　越野志絵良　斎藤悠人　庄司知世
西川なつか　小田孝文　中澤泰宏　俵敬子
Corporate Design Group
大星多聞　堀部直人　村松伸哉　岡村浩明　井筒浩　井上竜之介
奥田千晶　田中亜紀　福永友紀　山田諭志　池田望　石光まゆ子
齋藤朋子　福田章平　丸山香織　宮崎陽子　岩城萌花　内堀瑞穂
大竹美和　巽菜香　田中真悠　田山礼真　常角洋　永尾祐人　平池輝
星明里　松川実夏　森脇隆登

Stylist (Ms.Nakano)　関谷佳子
Hair & Make up (Ms.Nakano)　高橋真以子
Proofreader　文字工房燦光
DTP　株式会社RUHIA
Printing　共同印刷株式会社

ISBN978-4-7993-2706-7
JASRAC 出 2009898-001

携書ロゴ：長坂勇司
携書フォーマット：石間　淳